KB206507

늙은 웹기획자

아무것도 하고 싶지 않지만 뭐라도 하고 있는 척 해야 한다

늙은 웹기획자

흡혈마녀늑대 글 · 요물공주 그림

아무책방

목차

1. 늙은 웹기획자

나는 늙은 웹기획자다.

한때는 나도 미래가 기대되는 우수한 인재로 촉망을 받던 때가 있었다. 팀장님의 기대를 한몸에 받으며 반짝반짝 빛나는 기획안을 써내던 때가. 새로운 트렌드를 읽고 직원들을 설득하며, 목표를 달성해 만족할 만한 성과를 얻었던 때가.

시간은 빨리 지나간다.

나는 이미 마흔을 넘었다. 머리는 굳었고 몸은 내 맘처럼 움직이지 않는다. 모니터를 오래 본 탓인지 시력이 나빠졌고, 거북목증후군은 만성적인 어깨와 팔의 통증을 불러왔다. 새로운 것에 대한 흥미는 떨어지고 당장의 앞일도 계획하기 어렵다. 상사의 시선은 곱지 않고, 동료들은 점점 사라져간다. 새파랗게 젊은 직원들이 빈자리를 노리고 있다.

그래도 만원 지하철을 타고 꾸역꾸역 출근하고, 젊은 직원들 사이에 끼여 눈칫밥을 먹는다. 회의 시간에 최대한 눈에 띄지 않게 노력한다. 퇴근할 때는 팀장님께 꼬박꼬박 인사를 한다.

어쨌든 나는 아직, 버티고 있다. 이 정글 같은 직장에서.

이것은 살아남기 위해 고군분투하는 늙은 웹기획자의 이야기이다.

2. 결과평가 C

오늘은 하반기 결과평가 C를 받았다. 작년에 이어 연속 2년째다.

e-HR 화면에 올라온 'C'라는 알파벳이 선명하다. 거기에는 어떤 코멘트도 없다. 작년까지만 해도 상사가 코멘트를 적는 칸이 있었다. 대대적으로 평가 시스템을 개편하면서 없어진 것 같다.

이번 결과평가에는 1:1 면담도 없었다. 으레 하는 말들,

그러니까 회사 사정이 나빠서라거나 다른 승진 대상자를 올리기 위해 어쩔 수 없어서라거나 하는 이유도 없다. 그런 상투적인 변명도 필요 없다고 느낀 것일까.

올해는 팀장이 바뀌었다. 그러니까 결과평가는 이전 팀장이 주고 간 것이다. 더 이상 볼 일이 없는 팀원에게 거대한 똥을 투척하고, 전 팀장은 바이바이 하면서 떠나갔다.

설마, 했다. B는 주겠지, 생각했다. 안일했다. 무엇이 문제였을까.

의외로 눈물 같은 건 나오지 않는다. 잠깐 화가 났지만 그런 감정도 이내 사그라들었다. 단지 퇴근이 하고 싶을 뿐이다. 하릴없이 시계를 들여다본다.

입사 후 지금까지 받은 평가들을 바라본다. 초반에는 A가 많았다. 그렇다. 나도 평가 A를 받았던 때가 있었다. 내가 아직 30대였을 때의 일이다. 그리고 B가 있었다. 그럭저럭 무난한 점수들 속에서, 그렇게 있는 듯 없는 듯 살고 싶었다. 튀지 않는 하얀색 A4 용지처럼. 지금 내가 받은 건 형광색이다. 아주 잘 보이고 남들 눈에 잘 띄는. 눈부시기만 하고 인쇄도 제대로 되지 않는다. 다시 돌아가고 싶지만, 어떻게 해야 하는지 잘 모르겠다. 황야에 버려진 늙은 개처럼 그늘을 찾아 웅크릴 뿐이다. 해가 뜰수록 그늘은 점점 작아진다. 언젠가는 그늘이 완전히 사라져버릴지도 모른다. 그럼 어떻게 해야 할까.

어쩔 줄 모르는 채로 나는, 책상 앞에 앉아 있다.

3. 구안와사

입이 돌아갔다.

저녁에 산책을 하는데 친구가 무슨 농담을 해서 웃었다. 그런데 친구가 내 얼굴을 보더니 왜 '썩소'를 짓느냐고 했다. 처음에는 장난인 줄 알았다. 상가 건물에 얼굴을 비춰 보니 왼쪽 얼굴이 움직이지 않았다. 그때까지만 해도 별것 아닌 것 같았다. 가까운 병원에 가서 접수를 했는데, 여기서는 치료가 안 된다고 하면서 뇌경색일지도 모르니 응급실에 빨리 가야 한다고 했다. 핸드폰으로 '뇌경색'을 검색해보니 '중풍'이라는 단어가 나왔다. 겁이 덜컥 났다. 택시를 타고 강북삼성병원 응급실로 갔다.

병원 응급실에서는 나를 중증 환자 다루듯이 했다. 검사하러 갈 때도 침대에 누워서 이동했다. 이것저것 검사를 하고 CT인지 MRI인지도 찍었다. 환한 불빛 아래 응급실 침대에 누워 검사 결과를 기다렸다. 온갖 생각이 스쳐 지나갔다. 맛없다고 먹지 않았던 건강에 좋은 음식과, 평소에 하지 않았던 운동에 대한 후회가 밀려왔다. 남은 평생을 얼굴 반쪽만 움직이면서 살기는 싫었다. 평소에는 찾지도 않았던 신을 떠올리며 기도했다.

검사 결과가 나왔다. '벨 마비'라고 했다. 다른 말로는 구안와사, 말초성 안면마비. 스트레스 때문일 수 있지만 정확한 원인은 모른다고. 그래도 중풍이 아니라니 한시름 놓았구나 싶었다. 새벽에 다시 택시를 타고 집으로 돌아왔다.

마흔이 넘으니 없던 병도 생긴다.

한 달간 신경외과와 한의원을 왔다 갔다 하며 치료를 했다. 평소에 하지 않던 피부 마사지도 받았다. 아무것도 모르는 마사지사는 내 기운이 비틀어져 있다며 핀잔을 줬다. 다행히 얼굴은 서서히 자기 자리로 돌아왔다. 치료가 끝난 날, 나는 거울을 보며 환하게 웃었다. 좌우로 균형이 잡힌 내 얼굴이 좋아 보였다. 하지만 안심할 수는 없다. 날씨가 춥거나 스트레스를 받거나 하면 재발할 수도 있다고 하니까. 앞으로 나에게 관심을 더 쏟아야 할 것 같다. 집밥을 잘 챙겨 먹고 운동도 열심히 해야지.

오늘도 생각만 하고 있다.

4. 고통과 영광

어제는 페드로 알모도바르 감독의 영화 〈페인 앤 글로리〉를 봤다. 감독 자신의 자전적 영화라고 하는데, 은퇴한 노년의 감독 역을 안토니오 반데라스가 실감 나게 연기했다.

세계적인 명성을 얻은 영화감독인 살바도르는 몸도 마음도 너무 지쳐 새로운 영화를 만들 엄두를 내지 못한다. 온갖 종류의 두통과 천식, 몇 년 전 척추수술 등 몸의 아픔은 물론이고 만성적인 불면증과 우울증에도 시달리고 있다. 그는 32년 만에 자신의 옛 영화를 다시 보기도 하고, 동료와 화해하기도 하며, 젊은 시절 자신의 사랑을 만나기도 하면서 기나긴 우울과 아픔으로부터 벗어난다. 마지막엔 새로운 영감을 얻어 영화를 다시 제작하는 장면으로 끝이 난다.

영화를 보면서 나 자신을 돌아보게 됐다. 나도 저렇게 상처를 딛고 다시 시작할 수 있을까. 이 오랜 무기력과 체념으로부터 벗어날 수 있을까. 실제 감독은 나이가 일흔 살이라고 한다. 일흔이 되어도 열정을 놓지 않고 일을 한다는 것이 부럽게 느껴졌다.

언제부터 내게 열정이란 것이 없어졌는지는 정확하지 않다. 내 나이 마흔이 되면서부터일까. 어떤 것을 봐도 흥미롭지 않고, 기쁘거나 슬프거나 화나거나 하는 감정에도 무뎌지게 되었다. 아이디어는 억지로 쥐어짜내고 기획서는 군데군데 구멍이 뚫려 있다. 나이 어린 사원의 비아냥에도, 수준 높은 UX/UI를 추구하는 디자이너의 질책에도 나는 할 말이 없다.

　가끔은 나도 항변하고 싶다. 그래도 열심히 하지 않은 건 아니라고.

　내 삶도 영화처럼 극적일 수 있다면. 이 오랜 무기력을 극복하고, 예전의 나로 돌아가고 싶다. 초롱초롱한 눈빛으로 일에 파묻혀 살던, 열정이 기본 옵션이던 그때의 나로.

5. 세금계산서

　지금 나는 업체에서 발행한 세금계산서 전표를 처리하고 있다.

　그런 건 재무나 경리 쪽에서 하는 거 아니냐고? 회사에 직원이 많다 보니, 각 부서별로 정산 담당자를 지정해 간단한 것들은 부서에서 처리하도록 하고 있다. 예를 들면 각 부서마다 야근식대, 부서운영비 등의 경비를 처리해야 하는데 그 담당자가 내가 된 것이다.

　그렇다면 원래 이런 일은 그 팀의 막내가 하지 않느냐고? 맞다. 막내가 해야 한다.

　하지만 우리 팀의 막내는 개발자다. 개발자는 건드리면 안 된다. 그렇다고 디자이너를 시킬 수도 없다. 그래서 어쩌다 보니 그 업무는 내게 할당되었다. 나는 그 일을 숙명처럼 받아들였다. 이 부서에서 이 업무를 할 수 있는 사람은 나밖에 없다.

누군가 나에게 이 회사에서 자신만의 강점이 무엇이냐고 묻는다면 '전표 처리입니다.'라고 대답해야 할지도 모른다. 어쨌든 그거라도 하고 있으니 다행이라고 해야 할까?

그거라도 하고 있으니 당분간은 잘리지 않을 것이다, 그렇게 위안해본다.

6. 오늘도 침묵하는 하루

단체 채팅창에 파트장의 공지가 떴다. 'XD'와 '제플린'에 이어 '피그마'라는 툴이 있다며 블로그 url을 보내준다. 기획자, 디자이너, 퍼블리셔의 경계를 허무는 툴이라고 한다. 이제 기획자는 정책이나 범위, 리스크 관리, 프로젝트 관리로 가고, 디자이너는 정책을 온전히 이해한 후 디자인해야 할지도 모른다고. XD는 무엇이고 제플린은 또 무엇인가. 조심스럽게 검색창에 'XD'를 입력해본다. 연관검색어에 'XD 뜻'이라는 것이 있는 걸 보니, 나 같은 사람이 또 있나 보다. 아직 완전한 꼴찌는 아니구나, 조용히 한숨을 쉬어본다.

세상은 빨리 변해가고 모두는 당연하다는 듯 거기에 적응하고 있다. 나는 그들의 뒤에서 안간힘을 쓰며, 겨우 절룩거리며 따라가고 있는 것만 같다. 내게는 아직도 **PPT**가 가장 익숙하다. 물론 그것도 완전하지는 않다. 어쩐지 점점 퇴화되고 있는 것만 같으니까. 옛날과 지금 사이에 강력한 외계 전파가 나타나서 모든 기억을 지워버린 것 같다.

채팅창의 직원들이 각자 느낌을 말하고, 또 다른 **url**을 전달해주기도 하며 의견을 공유한다. 나는 그들 사이에서 침묵한다. 그들이 이 채팅창에 내가 있다는 사실을 잊어주기를 바라며.

오늘도 하루가 길 것 같은 예감이 든다.

7. 회사에선 늘 안경을 낀다

시력이 떨어져 안경을 사러 갔다.

10년 전에 라섹 수술을 했었다. 어렸을 때부터 끼고 다니던 안경과 콘택트렌즈에 신물이 났었고, 그때 한창 라식 라섹 수술이 유행하기도 했다. 수술은 힘들었지만 끝나고 나자 새 세상을 얻은 듯 행복했다. 안경이나 렌즈를 끼지 않아도 선명하게 사물을 볼 수 있다는 사실이 그렇게 좋을 수가 없었다.

행복의 유효기간은 10년이었다.

점점 글씨가 잘 안 보이기 시작했다. PPT나 워드를 띄워놓고 화면을 120%로 설정해야 그럭저럭 글자를 알아볼 수 있었다. 엑셀 파일의 깨알 같은 글자는 눈이 아파 잘 보이지도 않았다. 사람들의 얼굴도 잘 알아보지 못하게 되었다. 부문장과 스쳐 지나갔는데도 인사를 안 해서 찍힌 적도 있었다.

점심시간, 밥 먹는 걸 건너뛰고 안과에 갔다. 시력검사를 하고 눈 사진도 찍었다. 시력검사표의 글씨들이 흐릿하게 보였다. 아무래도 노안이 온 것 같은데 병원에서는 아무 말도 해주지 않는다. 그저 시력이 떨어졌다라고만 한다. 내가 상심할까 봐 병명을 숨기는 것일까?

그렇게 나는 노안인지 아닌지 알 수 없는 상태로 처방전을 들고 안경점에 갔다. 옛날 같았으면 조금이라도 예쁘게 보이기 위해 렌즈를 맞췄을지 모른다. 이젠 모든 게 귀찮다. 어차피 내 얼굴을 봐주는 남자도 없다. 해리포터처럼 동그란 안경을 맞추고 안경점을 나왔다.

　　그 후로 회사에선 늘 안경을 끼고 있다. 다시 획기적인 수술 방법 같은 게 나와 시력을 향상시키면 좋을 테지만, 지금은 그저 보이는 것에 감사하기로 한다. 수시로 인공 눈물을 넣어주며, 컴퓨터 앞에서 혹사당한 내 눈에게, 그저 미안한 마음을 전한다.

8. 어쩌면 나의 적성은

어쩌면 나는 처음부터 웹기획자가 적성에 맞지 않았는지도 모른다.

온라인 쇼핑을 좋아하지도 않고 웹사이트도 가던 데만 접속한다. 새로운 기술이나 문물에 호기심을 보이지도 않는다. 아이폰이 처음 나왔을 때도 돈이 아까워 살 생각을 못했으니까. 아직도 E-book(전자책) 대신 종이책을 읽고, 삼성페이 대신 신용카드를 쓴다. 카카오 캐릭터도 예쁜 줄 모르겠다. 나는 변화를 싫어하는 지독한 보수주의자인지도 모른다. 정치만 빼고.

어제는 회의를 하는데 '11번가'와 '쿠팡'을 보여주며 이렇게 페이지를 만들어 달라고 했다. 속으로 아, 저런 쇼핑몰도 있었구나, 했다. 나는 웹사이트 벤치마킹할 때나 억지로 들어가는 사이트를 남들은 공기처럼 접속하며 사는구나, 생각하니 우울해졌다.

좋아하지 않는 일을 한다는 건, 조금은 슬픈 일인 것 같다.

아이폰을 사지 않은 지는 오래되었다.

나도 예전에는 최신형 아이폰을 할부로 사서 들고 다녔다. 디자인은 예뻤고 기능은 유용했다. 내친김에 아이패드도 샀다. 비록 게임하는 데밖에 활용을 못 하긴 했지만.

내 마지막 아이폰이 그 기능을 멈췄을 때, 나는 고민했다. 새 아이폰을 살 것인가, 안드로이드 폰을 살 것인가. 모바일 기획을 하는데 안드로이드 운영체제를 알아야 한다는 당위와, 그럼에도 불구하고 아이폰을 포기할 수 없다는 고집이 맞부딪쳐 나는 오랫동안 갈등했다.

그때 마침 읽은 책이 〈부자 아빠 가난한 아빠〉였던가. 뼈를 때리는 구절 앞에서 나의 고집은 무너졌다.

'부자가 되려면 분수에 맞는 소비를 해라.'

그래, 내 주제를 알자. 나는 돈이 없었고 예산에 맞는 핸드폰을 사야 했다. 그런데 너무 주제를 파악한 것도 문제였다. 시리즈도 없는 구형 폰을 사고 만 것이다. 게다가 메모리 **16GB**. 새로운 앱이 나와도 설치할 수가 없다. 남들은 새로운 기능도 테스트해보고 한다는데, 나는 있는 앱을 유지하기에도 급급했다. 사진도 많이 저장할 수 없어 찍을 때마다 옛날 사진을 삭제해야 했다. 싼 핸드폰은 충격에도 약했다.

액정은 깨졌고 부스러기들은 강화필름 아래 봉인되어 있다.

이번엔 바꿔야지, 월급날이 다가올 때마다 나는 다짐한다. 하지만 이번에도 아이폰을 사지는 못할 것 같다. 새 핸드폰이 나오기 전부터 기사를 검색하고, 미리 예약을 걸며 이제나저제나 받아보길 원하던 예전의 열망은 오래전에 사라져버렸다. 가능한 한 저렴한, 하지만 메모리는 64GB 정도 되는 핸드폰으로, 맞는 핸드폰 케이스도 없고 새것도 아니지만 그럭저럭 기능은 돌아가는, 꼭 같은 핸드폰을 사게 될 것만 같다.

그렇다고 내가 부자가 될 수 있을까, 생각하면 까마득하긴 하지만.

10. 어느 웹기획자의 하루

기획자가 되려면 말을 잘해야 한다. 다른 업무도 그렇지만 기획자는 특히 그렇다. 일을 잘하는 것처럼 보이려면 말을 잘하는 것이 매우 중요하다.

나는 말을 못한다. 아니, 말을 잘하지 않는다고 하는 편이 더 정확할 것 같다.

인사 노이로제에 걸린 사람처럼 아침에 숨 죽이고 들어

와 자리에 앉는다. 컴퓨터를 켜고 일과를 시작한다. 다른 사람들이 커피 한 잔 하며 담소를 나눌 때도 나는 돌아보지 않는다. 하루 종일 옆 사람과 말을 안 하는 때도 있다. 사무실의 실제 사람과 얘기를 나누기보다는, 컴퓨터 속의 웃긴 이야기를 읽으며 웃는다.

회의실에서도 침묵을 지킨다. 나는 주장하기보다는, 남들의 주장을 정리하는 서기에 가깝다. 주장과 주장이 날이서 분위기가 험악해지기라도 하면, 나는 쩔쩔맨다. 동시에 생각한다. 저게 그렇게 중요한가?

발표 시간이 되면 온몸이 떨린다. 식은땀이 나고 머리가 어지럽다. 무슨 수를 써도 발표하지 않기 위해 기를 쓴다.

이쯤 되면 이런 의문이 들지도 모른다. 도대체 어떻게 기획자가 된 것이고, 왜 아직도 저 일을 하고 있는가.

나도 어쩔 수 없다. 살아가기 위해서이다. 이런 성격의 사람도 일을 해서 먹고살아야 한다. 그게 자본주의의 속성이니까. 오늘도 시끄러운 사무실 속에서, 나는 침묵을 지키고 있다.

11. 우울증과 나의 일

사실 나는 우울증 약을 먹고 있다.

말을 안 하고 내성적인 성향이 오랫동안 성격인 줄 알고 살아왔다. 그런데 실은 우울증 때문일 수도 있다는 것을 알게 됐다. 의사는 약을 꾸준히 복용하면 기분이 좋아지고 긍정적으로 변할 수 있을 거라고 했다.

약을 먹게 된 지는 1년이 좀 넘었다. 계기는 다음과 같다.

어느 날 친구들과 술집에 모여 재미있게 놀고 있는데, 갑자기 이런 생각이 들었다.

'이 세상이 너무 좋은데, 이렇게 재미있는데, 내가 내일이라도 죽어버리면 이 모든 게 끝나는 건가?'

그러자 갑자기 너무너무 무서워졌다. 죽고 싶지 않다, 하지만 인간은 언젠간 반드시 죽는다, 두 가지 생각이 뒤엉켜 세상이 끝나는 듯 가슴이 내려앉았다. 다음 날 집 앞에 있는 정신건강의학과를 찾았다. 몇 가지 검사를 하고 상담을 한 뒤 약을 처방받았다.

죽음에 대한 공포는 나아졌지만 문제는 우울증이다. 사실 나는 내가 우울증인 줄도 몰랐다. 규칙적으로 항우울제를 복용하고 있지만 나아질 기미를 보이지 않는다. 건망증이 심해지고 주말이면 하루 종일 집 안에 누워 있다. 밥 먹을 때 한 마디도 하지 않아서 사람들이 무슨 일 있냐고 물어봤던 적도 있다.

내가 일을 못하게 된 것도 우울증과 연관이 있을까? 약을 꾸준히 먹으면 예전의 자신감 있던 성격으로 돌아갈 수 있을까?

또 우울하다.

12. 최후의 기획자가 되고 싶은데

경력직 기획자를 뽑았다.

내가 원한 것은 아닌데 그렇게 됐다. 한 달 뒤에 출근한다고 한다. 웹에이전시에서 여러 경험을 쌓았고, XD도 할 줄 안다고 한다. 나이도 어리다. 30대 중반이니까 어리다고 말하는 것엔 좀 무리가 있을지도 모르지만. 적어도 나보다는 젊다. 새로운 기획자의 영입에 파트장은 설렘을 숨기지 못하고 있다.

나의 마음은 복잡하다. 능력 있고 열정적인(그렇다, 열정이 중요하다) 신규 입사자와 비교될 게 뻔하다. 아니, 사실 말하자면 기획자가 안 왔으면 좋겠다. 천재지변이 생기거나, 아니면 이전 회사에서 보다 높은 연봉을 주며 잡는다거나. 하여튼 좀 안 왔으면 좋겠다. 꼴 보기 싫어도 어쩔 수 없이, 마지막까지 회사에 붙어 있는 최후의 기획자로 남고 싶다.

하지만 시간은 흘러가고, 그날은 어김없이 다가오고 있다.

온라인 서점 알라딘에서 기획 관련 책을 뒤적거린다. 새로 하는 오프라인 교육도 기웃거려 본다. 나도 뭔가를 하는 모습을 보여줘야 하는 것이다. 아직 열정이란 게 남아 있는 사람처럼. 변화를 기꺼이 수용하고 새로운 것을 선도할 줄 아는 기획자의 모습을 어필해야 한다. 연기라 해도 어쩔 수 없다. 어차피 사회생활이란 게 다 그런 거 아닌가.

초조한 마음에 캘린더를 들여다본다. 그날이 다가오고 있다. 그날은 오고야 말 것이다. 그때 나는 미운 오리 새끼가 될 것인가, 아닌가. 뭘 어째야 하는지 모르겠는 채로, 나는 오늘도 이렇게 보내고 있다.

13. 최신형이냐, 보급형이냐, 그것이 문제로다

회사 게시판에 핸드폰 제휴 판매가 올라왔다. 업체와 제휴해서 핸드폰을 직원들에게 싼 가격으로 공급한다는 내용이다. 액정 깨진 고물 핸드폰을 가지고 다니던 내게는 희소식이다.

최신 핸드폰을 검색해본다. 아이폰11에 눈이 간다. 아이폰11Pro, 아이폰11 Pro Max도 있다.

사실 나는 아이폰 덕후였다. 내 첫 스마트폰은 아이폰 4s였다. 그때는 그게 최신 핸드폰이었다. 나는 사전예약까지 해가며 핸드폰을 구매했다. 행복했다. 모바일 앱 기획이나 테스트를 할 때 안드로이드가 아니라서 제약이 있긴 했지만, 음악도 무슨 아이튠즈랑 연결해서 바로 듣기가 힘들었지만, 그 모든 불편함을 감수하고도 아이폰은 소장 가치가 있었다.

그러던 내가 핸드폰을 갈아탄 건, 또 그놈의 〈부자 아빠 가난한 아빠〉를 읽고서였다. 수명을 다 한 핸드폰에게 조의를 표하고 나서, 나는 새로운 핸드폰을 물색하고 있었다. 책의 메시지는 심플했다. 분수를 알아라. 쓸데없는 데 돈 쓰지 말고 돈을 모아라. 그리고 나는 핸드폰을 바꿨다.

나는 너무 자존감이 낮았던 걸까. 싼 걸 찾는 것까지는 좋았는데 용량이 **16GB**인 핸드폰을 사고 말았다. 이 용량으로는 사진도 제대로 찍을 수 없다. 음악도 못 넣는다. 앱을 깔 수가 없다. 기획을 하려면 벤치마킹을 해야 하는데 앱이 안 깔리니 무용지물이다. 남들 다 까는 네이버 앱도 내 핸드폰엔 없다.

그래, 이 기회에 핸드폰을 바꾸자. 회사 게시판에 올라온 상품 리스트를 보며 나는 생각에 잠긴다.

가격이 마음에 걸린다. 아직 나는 부자가 되지 못했다. 싼 핸드폰을 둘러본다. 어차피 사용하는 기능도 별 게 없는데 최신형이 무슨 소용이란 말인가. 나는 비교적 가격이 저렴한, 그리고 용량은 64GB인 핸드폰을 사기로 한다.

　인터넷에 그 기종을 검색해본다. 시어머니께 사 드렸다는 후기가 나온다. 아는 사람들에게 물어본다. 그 핸드폰은 효도폰이라고 한다. 아무리 늙은 웹기획자라지만, 나는 아직 할머니는 아니지 않은가. 고민하는 내게, 다른 사람이 요즘 핸드폰은 싼 것도 잘 된다고 위로한다.

　최신형이냐 보급형이냐, 그것이 문제다. 나는 아직 부자가 아니지만, 아직 그 정도로 늙지는 않았다. 우유부단한 나는 또 이렇게 결정을 못 한 채로 게시판만 들여다보고 있다.

14. 한의원

　나는 정기적으로 한의원을 다니고 있다.

　다닌 지는 7년이 넘었다. 예전에 야근을 많이 할 때 생긴 증상이 아직도 낫지 않는다.

　아픈 부위는 광범위하다. 목부터 어깨, 팔과 손목까지 아프다. 타자를 많이 쳐서 그런지 손가락이 얼얼할 때도 있다. 이제 한의원에 가면 말하지 않아도 척척 침을 놓아준다. 물리치료는 덤이다. 한약도 몇 번 사 먹었다.

그런 한의원이 문을 닫는다고 한다. 간호사가 다음 날 꼭 오라고 해서 갔더니 내가 마지막 진료라고 했다. 7년이나 함께했던 한의원인데, 말할 수 없이 서운했다. 일산에 새로 한의원을 오픈한다고 했다. 영원할 것 같던 것들이 사라져 간다. 나는 다음에 꼭 가겠다며 한의사의 연락처를 받아 왔다. 어차피 가지 않을 것을 알면서도. 마지막으로 희미해져 가는 인연에 매달려보고 싶었는지도 모른다.

한동안 한의원에 가지 않았다. 한의원이 있던 건물을 지날 때마다 생각이 났다. 일산에선 장사가 잘될까, 건물주가 임대료를 많이 올렸던 걸까……. 간간이 한의사의 카톡 프로필사진을 들여다보기도 했다. 7년이나 내 병과 함께한 그의 근황이 궁금했다. 한의사는 행복해 보였다. 그래, 시간은 흘러가는구나……. 내가 늙어가듯이.

그러다가 팔이 아파 다시 예전 그곳에 가보았다. 거기엔 새로운 한의원이 들어서 있었다. 예전처럼 침 치료를 받고, 추나도 받았다. 물리치료도 좋았다. 한의사도, 거기 있던 간호사도 친절했다. 전에 있던 한의원은 잊혀지고 사람들은 새로운 곳에 적응해간다. 나도 그렇다. 하지만 잊지는 않을 것이다. 예전에 이곳엔 다른 한의원이 있었다는 것을.

15. 마스크

코로나가 유행이다.

회사에선 비상이 걸렸다. 사무실에서도 마스크를 쓰고 일하라는 지침이 떨어졌다. 물론 나는 쓰지 않았다. 코로나 초기이기도 했고, 주변에 걸릴 만한 사람도 없고, 어차피 말도 안 하는데 침을 튀길 걱정도 없다고 생각했다. 물론 안일한 생각일 수도 있다. 나는 안전불감증이 된 걸까. 친구에게 정부의 대처 능력을 믿는다고 했더니 너 같은 사람들 때문에 정부가 고생을 한다고 했다. 하지만 하루 종일 마스크를 쓰고 일할 생각을 하면 너무 답답했다.

마스크를 벗어 던지고 일을 했는데 저녁 무렵 난리가

났다. 우리 사무실 뒤쪽에서 일하던 업체 관계자가 대구에 갔다 왔는데 발열이 있어서 회사를 안 나왔다는 것이다. 그걸 왜 지금 말해주나. 사무실은 쑥대밭이 되었다. 나도 뒤늦게 마스크를 착용했지만 이미 늦었다. 작업장이 폐쇄가 될 수도 있다고 했다. 파트장은 혹시 모르니 업무 매뉴얼을 작성하라며 독촉했다. 멋도 모르고 주말에 종일 싸돌아다닌 기억이 났다. 확진되면 나는 끝장이다.

다음 날, 회사엔 적막이 감돌았다. 모두 마스크를 쓰고 있었다. 나도 마스크를 썼다. 손 소독제도 발랐다. 마스크 때문에 안경이 계속 뿌옇게 흐려졌다.

업체 직원에게서 전화가 왔다. 다행히 음성이 나왔다고 한다. 다시 마스크를 벗어 던졌다. 걸릴 때까지는 걸린 게 아니다. 작은 에피소드에 불과할지도 모르지만, 내 마음은 천국과 지옥을 오갔다. 다음부터는 시키면 시키는 대로 해야겠다. (물론 얼마 지나지 않아 마스크는 필수가 되었다.)

16. 욕먹는 건 싫은데

이번에 맡은 프로젝트 건 관련해서 메인, 서브 UI를 작성하고도 메일을 보내지 못하고 있다.

'UX/UI를 생각하면서 작업하세요.'

어떤 디자이너의 말 이후 작업물을 보내는 것에 대한 노이로제가 걸린 것 같다. 자신감 하락이다. 애써 보냈는데 또 욕을 얻어먹을까 두렵다.

파트장이 다가온다. 열심히 일하는 척을 한다. 다행히 내 옆의 기획자에게로 간다. 타 팀에서 기획자를 붙여달라고 했단다. 얘기를 들어보니 물류통합시스템이라고 한다. 옆 기획자는 일이 많다며 한숨을 푹푹 쉰다. 나는 속으로 생각한다.

나한테 시켜도 되는데.

하지만 굳이 먼저 지원하지는 않는다. 파트장도 나보다 옆 기획자가 일이 많다는 걸 알고 있지만, 그냥 맡긴다. 중요한 일이라 그런가 보다. 타 팀에서까지 욕을 먹고 싶지는 않을 것이다.

에라, 모르겠다. 보내버리자.

파트장이 가고 난 후, 나는 떨리는 마음으로 메일을 보낸다. 아니, 아직 못 보내겠다. 퇴근까지는 두 시간이 남아 있다. 담당자들이 오늘 메일을 보지 못하게 퇴근 시간에 맞춰서 보내버릴까. 괜스레 머리를 벅벅 긁는다. 머리에서 각질이 떨어진다. 결정을 못한 채로, 멍 때리고 앉아 있다. 보내면 보냈다고 욕을 먹고, 안 보내면 일을 안 했다고 욕을 먹을 것이다. 어차피 맞을 매라면 빨리 맞는 게 나을 것이다.

그래도 역시 욕먹는 건 싫다.

이대로 돌이 될 것만 같다. 조금만 더, 조금만 더, 하면서 나는 머리를 긁고 있다.

아마도 오늘 하루는 이렇게 지나갈 듯하다.

17. 패션 테러리스트

추워서 코르덴 바지를 입고 갔더니 패션 테러리스트라는 소리를 들었다.

그렇다. 나는 패션 감각이 없는 편이다. 어쩌면 내가 UX/UI를 잘 모르는 게 패션과 연관성이 있는 것일지도 모른다. 패션은 곧 디자인이니까.

물론 관심이 없는 것은 아니다. 심심하면 회사 근처에 있는 백화점에 들러 사지도 않을 물건들을 이것저것 살펴보는 게 취미다. 단지 재주가 없을 뿐이다. 나름 유행하는 후드

원피스에 흰색 에코백을 들고, 검은색 양말에 베이지색 구두를 신는다. 솔기가 터진 체크 무늬 패딩을 입고, 레깅스와 흰색 운동화로 완성을 한다. 명품 지갑도 가지고 있고 요일에 맞춰 향수도 뿌리는 편이지만, 막상 외출 준비를 마치고 거울 속에 비친 내 모습은 전체적으로 조화가 맞지 않는다.

그건
할머니 가디건
by. 3인칭 관찰자 시점

나는 완벽!
by. 전지적 본인 시점

대체적으로 디자이너들은 자신을 잘 꾸미고 다니는 편이다. 그들에게 자극을 받아 나도 브랜드며 아이템이며 따라 사보지만, 사정을 모르는 사람들은 집에서만 입고 다니라는 둥 수모를 주기 일쑤다. 예전에는 고민이었지만, 지금은 그저 받아들이는 경지에 이르렀다. 스티브 잡스의 심플

한 복장이 업무의 효율성을 높였다며 위안을 해보기도 한
다. 물론 나는 스티브 잡스가 아니고 업무의 효율이 올라가
지도 않았다.

누군가 내게 패션을 가르쳐준다면 좋으련만. 배운다고
감각이 올라간다면 디자이너가 이렇게 대접을 받지도 않을
것이다.

오늘은 바둑이 무늬의 니트와 레깅스를 입고 왔다. 나
도 언젠가는 멋진 패셔니스트가 되고 싶다.

18. 심심한 게 문제

아무것도 하고 싶지 않지만 뭐라도 하고 있는 척을 해
야 한다.

웹기획을 하다 막힐 때면 이렇게 글을 쓴다. 그저 멍때
리고 있는 것보다는 이렇게라도 하는 게 그나마 낫겠지 싶
어서다.

글을 쓰다 보니 맛 들인다는 게 이런 건가 싶어졌다. 그
러다 보니 점점 키보드에 관심이 갔다. 타자기처럼 타닥타
닥 소리가 나는, 엔틱하면서도 예쁜 키보드를 사고 싶었다.
회사에서 일괄로 보급한 일반 키보드는 재미없었다.

갈축인지 청축인지 하는 게이밍 키보드를 샀다. 키보드에 불도 들어오고 소리도 맛깔스럽게 났다. 한동안 신나게 글을 썼다. PC에 깔린 카카오톡으로 대화도 열심히 했다. 촤라락촤라락, 주판알 튕기는 소리가 났다.

어느 날 파트장이 같이 점심을 먹자고 했다. 밥을 사준다니 좋다고 따라갔다. 평범한 얘기가 오가는가 싶더니, 파트장이 결심을 한 듯 말을 꺼냈다.

"회사에서 글 쓰시죠?"

내가 글 쓰는 걸 모르는 사람이 없다고 했다. 나는 한마디도 한 적이 없는데. 의문이 일었다.

"제가 딴짓하는 걸 어떻게 알죠?"

파트장이 대답했다.

"키보드 소리만 들어도 압니다."

맞다고도, 아니라고도 할 수 없었다. 나는 겸허한 마음으로 파트장의 조언을 새겨들었다.

다시 멍때리기 모드로 돌입했다. 글을 쓰는 것보다는 차라리 가만있는 게 낫다. 사람들은 내가 부업이라도 하고 있는 줄 아는 것이다. 그저 심심해서 글을 썼을 뿐인데……. 그렇다, 그 심심한 게 문제인 것이다.

그 이후로는 일 때문에 키보드를 쓰다가도 흠칫 놀라곤 한다. 사무실이 조용할 때면 더욱 그렇다. 다시 옛날 키보드로 돌아갈까 생각할 때도 있다. 하지만 글을 쓸 때 느껴지는 그 쾌감에, 오늘도 나는 고민한다. 요즘은 중고나라에서 **15**만 원가량에 파는 키보드를 눈독 들이고 있다. 나무 재질로 된 키보드다. 그걸 쓰는 날은 아마도 내가 글로 밥 벌어먹고 사는 때이지 않을까?

19. 책은 아직 출고 전

XD 책을 샀다. 책은 아직 출고 전이다.

파트장은 기획하는 데 필요하다고 한다. 이제는 파워포인트 대신 **XD**로 기획을 한다는 것이다. 한숨이 나온다. 이걸 내가 배워야 하나. 나는 패션만큼이나 디자인 감각은 꽝이다.

사실 학원 다니면서 포토샵을 배운 적도 있었다. 선생님이 하라는 대로 똑같이 했는데 나만 결과물이 달랐다. 다시는 디자인에 손대지 않기로 다짐했다.

그런데 이젠 **XD**라니……

못한다고 할 수는 없다. 직장에서 그 말은 금기어다.

내가 섭렵할 수 있을지 모르겠다. 배운다고 빨리빨리 머릿속에 들어오지도 않는다. 이제 그럴 나이가 아니다.

그래도 해야 한다. 마흔이 넘어도 직장에 다니게 해주는 은혜를 알아야 한다. 장바구니에 책을 담는다. 책은 두께가 어마어마해 보인다. 주문 버튼을 누른다.

책은 아직 출고 전이다.

지금은 이 순간을 즐기고 싶다. 아직 XD를 모르는 나인 채로.

20. 사외교육

'UX/UI 실무기획'이라는 사외교육을 신청했다. 사외교육 같은 거 듣지 않은 지 오래됐지만 결과평가 C를 받고 보니 절박했다. 뭐라도 해서 실력을 조금이라도 향상시켰다는 인상을 줘야 했다.

그런데 결재 과정에서 거절당했다. 파트장은 거절의 이유로 다음과 같은 명분을 내세웠다. 이 강의는 경력 3년차 이하 기획자/디자이너가 듣는 강의이며, 커리큘럼도 불분명하고, 무엇보다 가격이 비싸다는 것이다.

파트장은 말했다.

"과장님도 다 아시는 내용일 거예요."

아니다. 모른다. 파트장은 날 과대평가하고 있다. 나는 기획에 있어서 환생한 아기와 같은 상태이다. 예전의 기억은 희미하게 남아 있지만 그렇다고 아기가 어른처럼 살아갈 수는 없는 것이다. 넘어지고 부딪히며 새로 배워야 한다.

하지만 가격이 비싸다는 데야 장사가 없다. 나는 알았다고 하며 물러났다. 더 이상 욕먹으며 회사 다니기는 싫은데……

어쩔 수 없다. 다른 교육을 노려야 한다. 정말로 교육 몇 번이면 나는 바뀔 수 있는 것일까. 확신할 수는 없지만 이대로는 안 될 것 같다. 그렇다고 내 돈 주고 학원 다니기는 싫다. 아직 그 정도까지는 절박하지 않은지도 모른다. 온라인 서점을 들락거린다. 기획서, 제안서 쓰는 법을 검색해본다. 몇 개의 책들이 나타난다. 마일리지는 남아 있지만 쓰기가 싫다. 자기계발은 역시 어려운 일인 것 같다. 특히 내 돈

주고 하는 것은 더더욱. 무료 강의를 열심히 뒤져봐야겠다.

21. 만년 과장

만년 과장이란 말은 드라마나 예능에서나 존재하는 건줄 알았다. 〈무한상사〉의 정준하 과장 같은 캐릭터 말이다. TU에서 만년 과장의 좌충우돌 이야기를 보며 깔깔 웃기도 하고 짠하게 생각하기도 했었다.

이제 그 타이틀을 내가 달고 있다.

스물여섯 살에 대리를 달았다. 그때는 비교적 승진이 빨랐다. 회사에서는 나의 능력을 인정해줬고 나도 그쯤의 타이틀은 달아도 된다고 생각했다. 그때는 내 미래가 장밋빛으로 보였다. 어딜 가도 일 잘한다는 소리를 들었고 무슨일을 해도 자신감이 넘쳤다.

'화무십일홍(花無十日紅)'이라 했던가. 회사 내 최연소 대리라는 타이틀을 정점으로 내 미래는 점점 꺾이기 시작했다. 과장 승진에 번번이 물을 먹기 시작한 것이다.

회사는 격랑에 휩싸이고 있었다. 전체적인 매출은 하락하고 있었고 윗선은 줄줄이 옷을 벗었다. 새로운 라인이 들어왔고 라인이 아닌 사람들은 배척당했다. 나는 회사를 옮기기로 결심했다.

이직한 회사에서는 1년만 지나면 과장으로 승진시켜
준다고 했다. 역시 인사팀의 구두 약속은 믿는 게 아니었다.
무슨 징크스라도 있는 것일까. 이 회사의 사업도 점차 기울
기 시작했다. 승진은 계속 누락되었다. 사업이 기울어지면
서 나는 이 팀 저 팀을 옮겨 다녔다. 사업은 폐쇄되었고 드디
어 정착한 팀에서는 터줏대감들이 지키고 앉아 있었다. 과
장 승진은 물 건너간 듯 보였다.

그래도 팀을 새롭게 옮겼다고 나는 최선을 다했다. 그
때는 조증에라도 걸려 있었던 것일까. 일이 없으면 스스로
만들어서 하기도 했으니까. 과장 승진을 할 마지막 기회라
고 생각했다. 위에서는 그런 나를 괜찮게 보았고, 결국 힘들
게 과장을 달았다. 내 나이 서른아홉 살인가 마흔 살일 때의
일이다. 과장이 됐다고 기뻐하기도 민망한 나이였다. 승진
자 모임에 갔는데 내가 가장 늙었다. 부끄러워 서둘러 자리
를 빠져나왔다.

그 후로 나는 만년 과장이 되었다. TU에서 묘사하는 그
모습 그대로의 만년 과장이다. 어디 감나무에서라도 떨어져
머리를 다친 것처럼 깜박깜박하고, 행동은 굼뜨고 눈치는
더럽게 없다. 늘 억울한 표정으로 사무실을 돌아다니고, 그
와중에 탕비는 고급으로 챙겨 먹는다. 짜장면을 먹는 상사

앞에서 혼자 양장피를 시켜 먹는 캐릭터처럼. 신입 직원들이 난 저 사람처럼 되지 말아야지, 하고 생각하는 그런 과장.

차장으로 승진할 수 있을 거란 기대 따위 버린 지 오래다. 내 꿈은 만년 과장으로 오래오래 회사를 다니는 것이다. 있는 듯 없는 듯 조용하게, 월급날에나 한 번씩 명세표에 이름을 비추는. 정년 퇴임할 때까지 과장으로 쭈욱, 다니는 것도 나쁘지 않을 것 같다. 물론 뒤에서 들리는 수군거림과 잔소리는 피할 수 없을 테지만.

22. 막내와 막내

우리 팀에서 나는 거의 막내에 가까운데, 그건 팀원들의 근속 연수와도 무관하지 않다. 다닌 지 20년이 넘은 직원도 있고, 10년 이상은 기본으로 연식이 있는 편이다. 그래서 나는 팀의 막내가 하는 일을 해오고 있다. 탕비를 사거나 사무용품을 사거나 도서 구입을 하거나 전표 처리를 하는 등등. 아니, 할 일이 없으니 막내 일이라도 도맡아서 한다고 해야 할까.

그러던 팀에 변화가 찾아왔다. 신입 사원이 들어온 것이다. 아직 대학도 졸업하지 않은 풋풋한 사원이라고 했다.

춥고 메마른 사무실에도 봄이 오는가, 나는 가슴이 두근거렸다. 신입 사원과 친하게 지내고 싶다는 욕망이 스멀스멀 피어올랐다.

월초가 되어 사무용품을 살 때가 되었다. 나는 단체 채팅방에 글을 올렸다.

– 사무용품 사실 분들은 말씀해주세요.

그러자 신입 직원이 개인 톡으로 말을 걸었다.

– 안녕하세요!

내가 안녕하세요, 라는 대답을 쓰기도 전에 신입의 글이 올라왔다.

– 저, 노트북 거치대를 살 수 있을까요?

아, 이번 신입은 스케일이 크구나. 예산은 정해져 있는데, 난감했다. 그래도 신입의 말이니 들어줘야겠다고 생각했다. 노트북 거치대는 종류가 많다. 내가 마음대로 샀다가는 디자인이 마음에 안 들 수도 있고 원하는 모델이 아니어서 실망할지도 모른다. 나는 조심스레 제안했다.

– 그럼 같이 사무용품 사러 갈래요?

채팅창에 잠시 침묵이 찾아왔다.

– 아, 아닙니다. 그냥 아무거나 사다 주세요.

신입은 내 제안을 거절했다.

나는 혼란에 휩싸였다. 내가 개발자로 들어왔지 이런

일까지 해야 하나, 왜 자기 일을 남에게 시키려고 하는 거지, 늙은이와는 같이 가고 싶지 않다, 뭐, 이런 마음인가. 아니, 이 모든 게 내 자격지심인지도 모른다. 신입은 그저 순진한 마음에 내가 어려워서 단순히 거절했을 뿐인지도 모른다. '90년생이 온다'라는데, 요즘 어린 세대들은 가치관이 다른지도 모른다. 나는 꼰대가 되고 싶지 않다. 자리에서 일어나 문구점을 향해 갔다. 예산에 맞춰 제일 싼 거치대를 샀다. 돌아오는 길이 쓸쓸했지만 상관없었다. 난 그래도 꼰대는 되고 싶지 않은 만년 과장이니까.

그 후로 그 신입과 말을 나눌 기회는 없었다. 자리도 멀리 떨어져 있고 먼저 가서 아는 척하기도 어색하다. 며칠 전에는 졸업을 했다고 한다. 팀 경비로 만년필을 사주었다. 별로 좋아하는 것 같지는 않았지만, 졸업식 선물로 만년필은 좀 어울리니까. 아니, 옛날 생각인가. 아무튼 나는 아직도 막내의 일을 하고 있다. 좋은 점도 있다. 근무 시간에 밖에 나가서 쇼핑을 하는 것만으로도 스트레스가 풀리는 기분이다. 이 좋은 일을 진짜 막내와 나누지 못해 아쉬울 뿐이다.

23. 잠을 자면 꿈을 꿀 수 있다

잠이 늘었다.

옛날에는 잠드는 게 싫었다. 잠들면 다음 날이 올 테고, 또 일하러 나가야 하니까. 될 수 있으면 늦게까지 잠들지 않고 TU를 보거나 스마트폰을 하거나 했다.

마흔이 넘고부터는 11시만 되어도 졸음이 밀려온다. 체력이 떨어져서일 수도 있고 다음 날 일할 기운을 비축해 놓아야 한다는 경험에서 나온 반응일 수도 있다.

예전에는 잠자는 게 시간을 낭비하는 일 같았다. 죽으면 어차피 잘 건데 좀더 생산적인 일을 하자, 아니면 놀기라도 하자, 라는 생각이 강했다면 요즘은 생각이 바뀌었다. 잠을 자면 꿈을 꾸기 때문이다. 그것도 즐거운 꿈을. 아침에 일어났을 때 꿈을 되새겨보면 행복감이 밀려온다. 꿈꾼다는 것은 즐거운 일이다.

며칠 전에는 흑인 여성이 한복을 입고 전 미국 대통령 트럼프와 결혼하는 꿈을 꿨다. 넘치는 보석을 쓸어 담은 적도 있다. 잠에서 깨어나면 아쉬울 때도 있다. 좀더 꿈을 연장시키고 싶어서 일부러 눈을 계속 감고 있었던 적도 있다. 그러다 보니 무슨 도인처럼 꿈이 현실이고 현실이 꿈인가, 하는 지경까지 이르기도 했다. 아무튼 나는 잔다는 행위에 대해 긍정적인 생각을 가지게 되었다.

물론 가끔씩 이 각박한 세상에서 잠을 자다니 무슨 한가한 행위인가, 싶을 때도 있다. 잠을 조금 줄여야 한다는 생각도 한다. 꿈보다 재미있는 현실에서의 일이 있다면 그때는 잠들지 않을지도 모른다. 물론 그때까지는 이렇게 잠을 잘 테지만.

다행히 오늘은 밖에 나왔다. 잠자는 게 좋다는 글을 쓰기 위해서. 이 글을 다 쓰면 또 자러 들어갈 것이다.

24. 처음으로 칭찬을 받았다

처음으로 칭찬을 들었다. 모바일 쇼핑몰 관련한 스토리보드를 작성했을 때였다. 관계자들을 모아 놓고 빔프로젝터에 **PPT**를 띄운 채 발표를 했다. 말을 잘하지 못하기 때문에 **15**분 전부터 혼자 회의실에 들어가 연습했다. 발표를 마치자 일을 의뢰한 현업 부서 담당자가 말했다.

"세련되게 잘 만들어주셨네요."

세련이라니, 내 생애 단 한 번도 듣지 못할 것 같던 단어가 현업 담당자의 입에서 나왔다. 물론 거기 모인 파트장과 디자이너와 퍼블리셔의 심정까지 알 수는 없다. 하지만 웹을 모르는 사람의 입장에서는 내 작업물이 썩 괜찮아 보이기도 하나 보다.

회의록에 '칭찬을 받았다'라고 메모를 썼다. 늙어서 사라진 줄 알았던 동기 부여라는 게 밑바닥에서 콩콩, 하고 노크를 건네는 기분이다. 이 기운을 받아서 오후에도 열심히…… 하면 좋겠지만 점심을 먹고 나니 집에 가고 싶은 생각뿐이다.

그래도 난생처음 세련됐다는 말을 들었는데, 오늘은 좀 힘을 내봐야겠다.

25. 살기 위해 산 책

모바일 UX 및 XD 관련 책이 배송되어 왔다. 택배 기사가 큰 소리로 이름을 불렀다. 나는 황급히 책을 숨겼다. 왠지 부끄러웠다. 월급을 축내는 줄만 알았더니 드디어 공부한다는 소리를 듣고 싶지 않았다. 원래부터 잘 아는 것처럼 행동하는 것, 그게 직장인의 기본 아니던가.

그나저나 책이 두껍다. 이 많은 걸 다 읽어낼 수 있을지 모르겠다. 그것도 남들 몰래. 실습도 해봐야 된다는데 어디 가서 실습을 하지. 학원이라도 다녀야 하나. 시작도 전에

의욕이 꺾일까 봐 두렵다. 열정이 활활 불타서가 아니라 살기 위해 신청한 책이다. 이번만은 꼭 완독을 하리라, 다짐해본다.

26. 스터디

UX 스터디 모집 공고가 떴다고 옆 기획자가 추천해줬다. 밤 8시에서 10시까지 하는 스터디다. 굉장한 관심이 있는 것처럼 오오, 하고 감탄사를 내뱉었다. 강의 내용은 나쁘지 않다. 들으면 유용할 것도 같다.

그런데 근무시간도 아니고 퇴근 후에 오밤중까지 하는 강의라니. 근무시간이 지나서까지 일과 연관된 건 하고 싶지 않다. TU만 보기에도, 핸드폰만 하기에도 부족한 시간이다. 이렇게 스터디를 하는 걸로 결론이 날까 봐 무섭다. 게다가 더 최악인 것은 사외교육비를 지원해주지 않을지도 모른다는 것이다.

애써 미소를 지어본다. 나는 늘 새로운 것을 추구하는 웹기획자니까. 코로나 때문에 스터디는 마스크를 쓰고 진행된다고 한다. 입장할 때 체온도 잰다고 한다. 그렇게까지 해서 수업을 들어야 하나. 한숨이 나오지만 미소를 유지한다.

옆에서는 벌써부터 스터디에 대한 얘기들을 나누고 있다. 대세가 스터디를 하는 걸로 결론이 나면 나도 할 수 없이 들어야 할 것 같다. 그렇게 되지 않기를 속으로 기도해본다. 제발 근무시간에 내 돈 안 내고 수업을 들을 수 있기를……

27. 직장인의 센스

키보드를 바꿨다. 청량한 소리가 나던, 타자 치는 맛이 있던 게이밍 키보드에서 일반 키보드로.

바꾼 게 아니라 옛날에 쓰던 키보드로 돌아갔다. 오래된 키보드를 버리지 않은 게 다행이었다.

스터디 카페에 가서(물론 회사 일로 간 건 아니다.) 노트북을 사용했는데, 끝날 시간이 되어 밖으로 나오자 친구가 말했다. 내가 치는 키보드 소리가 커서 이어폰을 껴야 했다고. 두드드득, 하는 소리가 군화를 신고 아스팔트 길을 걷는 것처럼 시끄럽고 묵직하게 들렸다고 했다. 의아해진 나는 물었다.

"회사에서는 게이밍 키보드를 사용하는데?"

내 말에 친구가 화들짝 놀라더니, 그건 회사에서 절대 써서는 안 될 키보드라고 했다. 민폐라고도 했다. 옆에서 아무 말도 안 하냐고 했다. 아무 말도 못 들었다고 하자 친구는 옆사람이 보살이라고 했다. 친구의 강력한 주장에 그제야 나를 돌아보게 되었다.

타자 치는 소리가 좋다는 이유만으로 사용하던 키보드가 누군가에게는 민폐였을지 모른다는 것을 알게 되었다. 지난번에 파트장에게 지적을 받았음에도 불구하고 안일했던 것이다. 덩달아 나에게 차마 지적하지 못했을 어린 직원들의 한숨을 떠올렸다. 얼마나 시끄러웠을까. 시끄럽다고 말도 못하고. 내 나이는 이제 누군가에게 쉽게 지적받을 만한 연령대가 아닌 것이다. 지적하지 않고 내버려둔다. 그러다 어느 순간 갑자기 폐기처분된다. 이유도 알지 못한 채로. 아니, 버려지는 그 사람을 제외하고 모두가 이유를 알고 있다.

정신이 번쩍 들었다. 아침 일찍 출근해 키보드를 바꿨다. 옆사람은 여전히 아무 말이 없다. 보살 같은 인내심에 절로 존경심을 표하게 된다. 오래 사용해서일까, 마우스도 고장이 났다. 최고급 무선 마우스를 사고 싶지만 평범한 유선 마우스를 산다. 회사 경비를 사용해야 하고 그러면 팀장의 눈에 들어가니까. 공기처럼 있는 듯 없는 듯 최대한 오래 살아남는 것이 직장인의 센스인 것이다.

이제 타자 치는 맛은 없지만 괜찮다. 키보드를 바꿈으로써 직장에서의 수명을 하루쯤은 더 연장시킨 것 같다.

28. 새 기획자가 왔다

새 기획자가 왔다.

아침 **9**시가 되어도 출근을 안 하길래 입사를 포기한 줄 알았다. 아니면 지각이거나. 첫날부터 지각이라니, 재미있었다. 착각이었다. 인사팀에 들렀다 온 거였다.

긴 생머리를 곱게 세팅한 새 기획자가 옆에 앉은 나에게 싹싹하게 인사를 한다. 뭔가 당황스럽다. 이유는 알 수 없다. 목소리가 너무 친절 그 자체여서일 수도, 뭔가 유능한 기획자 하면 떠올리게 되는, 약간 날카로운 눈빛에 차가운 인상과는 거리가 멀어서였을까.

새 기획자는 인쇄물을 출력하고 뭘 읽고 쓰고 하느라 바쁘다. 나보다 더 바쁜 것 같다.

아뿔싸, 아침부터 잠이 온다. 애써 눈을 부릅뜬다. 춥다. 춥고 잠이 온다. 월요일 아침이라 그런지 너무 졸리다. 어리고 일 잘하는 직원의 입사가 기존 직원에게 미치는 영향은 무엇일까, 생각해본다. 그런 생각도 졸음을 멈추게 하지는 못한다. 새로 직원이 입사하면 옆사람이 챙겨줘야 하는 게 많다던데, 나는 조느라 바빠 친절한 인사도 안부도 건네지 못한다. 애써 눈을 뜨며 이렇게 글을 쓴다. 새 기획자의 눈에 내가 열심히 일을 하는 것처럼 보이게 하려고.

오후에는 말도 걸고 어디 사는지도 물어보고 해봐야겠다.

29. 무지한 선행이 끼친 해악

대박 사고를 치고 말았다.

새 기획자에게 노트북, 모니터, 키보드와 마우스가 지급이 되었다. 한꺼번에 왔으면 좋으련만, 키보드와 마우스만 금요일에 오고 노트북과 모니터는 월요일 오후에 온다는 것이다. 빈 책상에 키보드, 모니터 상자만 덜렁 놓여 있으니 뭔가 기분이 좀 그랬다. 게다가 책상에는 얼마 전 퇴사한 직원의 이름이 붙어 있었다. 월요일 오전에 출근해서 이 모습을 볼 기획자가 떠올랐다. 그래, 내가 치워주자. 상자를 벗겨서 키보드와 마우스를 책상에 올려놓았다. 음, 요즘은 기본으로 무선 키보드와 마우스를 주는군…… 생각하면서.

월요일 오후에 노트북과 모니터가 왔다. 그런데 그것들을 연결하는 과정에서 문제가 생겼다. 무선 마우스, 키보드와 노트북을 연결하는 칩이 없는 것이다. 상자를 누가 버린 거냐고 물어보길래, 아무 생각 없이 내가 버렸다고 답했다. 그 조그만 칩, USB처럼 생긴 그것은 상자 안쪽에 붙어 있었을 것이라고 했다. 사람들의 시선이 내게로 고정되었다. 그런 기본적인 걸 버리다니, 하는 표정으로.

난 지금껏 무선 키보드와 마우스를 써본 적이 없다. 며칠 전에도 유선 마우스를 사지 않았던가. 그래서 그런 게 있다는 줄도 깜박 잊고 있었던 것이다.

우울하다.

나는 첨단 문물을 전혀 모른다. 이건 웹기획자로서의, 아니 IT를 모르는 일반 회사원도 알 법한 기본을 전혀 갖추지 못했다는 것이다. 심각한 일이다. 무지한 선행이 끼치는 해악이 이렇게나 크다.

키보드와 마우스는 다시 회사 경비로 사든지, 아니면

내 돈으로 물어내야 할 것 같다. 그 와중에도 내 돈으로는 물어내고 싶지 않아서 내 몸은 근질근질하다. 한숨이 나온다. 나는 정말 대책 없는 인간이다.

30. 모니터 세 개를 쓰는 사람

새 기획자의 전산기기를 발주하는 김에, 내 노후된 모니터도(7년이 넘었다) 같이 교체 신청을 했다. 컴퓨터를 설치하고 다루는 직원이 새 모니터를 가져왔다. 교체를 진행하던 직원이 의아한 표정으로 물었다.

"노트북까지 해서 모니터를 세 개 쓰고 계시네요?"

나는 아무것도 모르는 척 순진한 얼굴로 "네." 하고 대답했다.

다른 사람들은 모두 노트북 하나에 모니터 하나를 쓰고 있다. 난 입사했을 때부터 모니터가 두 개였다. 그때는 노트북이 아닌 PC 본체를 사용했다. 그러다 노트북으로 바꾸게 되었고, 모니터는 그대로 두 개를 유지했다. 그러다 보니 노트북 모니터까지 합쳐 모니터만 세 개가 된 것이다.

녹슨 모니터를 그냥 폐기할 수도 있었을 것이다. 그랬으면 남들처럼 평범하게 노트북 하나에 모니터 하나를 가진 직원으로 남을 수도 있었을 것이다. 하지만 나는 은근슬쩍 노후된 내 모니터 하나를 새 기획자의 입사일에 맞춰 교체하게 되었다.

그렇다. 나는 일도 못하는 주제에 더럽게 욕심만 많다. 인사평가 C 받은 직원이 모니터만 세 개를 띄워 놓고 대체 뭘 하려는 것일까. 누가 보면 일에 미친 천재 기획자라고 생각할지도 모른다. 그도 아니면 팀장이거나. 때문에 내 책상이 제일 지저분하다. 책상은 좁은데 있는 건 많다 보니 그렇다. 게다가 유선 마우스에 키보드, 핸드폰 충전기까지, 선과 선이 이어져 어수선함의 극치를 이룬다. 욕심에 파묻혀 질식할 정도가 되었지만, 오늘도 꿋꿋이 모니터를 바라보며 내 할 일을 한다.

31. 점심식사

새 기획자는 '핵인싸'다.

오늘 기획자들끼리 점심을 먹었다. 새로 온 기획자도 반갑게 맞이하고 앞으로 기획자들끼리 동료애를 돈독히 하자, 뭐 이런 취지인 것 같다. 뭐 먹고 싶냐고 내게도 물어보길래 한참을 고민하다 쌀국수라고 답했다.

우리는 스파게티를 먹으러 갔다.

다른 기획자와 새 기획자는 죽이 잘 맞는다. 다른 기획
자도 말이 많고 새 기획자도 말이 많다. 베스트 궁합이다. 나
는 미소짓는 얼굴로 그들의 대화를 관전한다. 핵인싸들은
나를 내버려두지 않는다. 나에 대해 이것저것 물어보고 대
화에 참여시키기 위해 애쓴다.

"글을 쓰신다면서요?"

도대체 어디까지 소문이 난 건지 궁금하다. 이쯤 되면
온 회사 사람들이 내가 글 쓴다는 걸 알고 있는 것 같다. 소
문은 어느새 변질되어, 내가 무슨 상도 받고 책도 출간하기
로 되어 있다는 데까지 나가 있다. 브런치 작가 모집에도 탈
락한 난데, 나도 정말 사람들 말대로 어둠의 천재 글쓰기 작

가가 되어 있다면 좋겠다.

월요일마다 같이 점심을 먹기로 약속하고 점심식사는 끝이 났다. 새 기획자는 벌써부터 다른 사람들과 꽤 친해진 모양새다. 몇 년을 근무한 내가 다른 사람들과 나눈 대화의 양보다 새 기획자가 다른 사람들과 나눈 대화의 양이 훨씬 많을 것 같다. 모두가 새 기획자를 좋아한다. 좋은 일이다. 나도 좀 누가 좋아해줬으면 좋겠다는 생각과 함께, 회사에 붙어 있는 것만으로도 감사해야지, 하는 생각이 든다.

32. 회사를 오래 다니고 싶다

열등생이 된 듯한 기분이다.

아니, 오래전부터 나는 이미 회생 불가능한 열등생이었는지도 모른다. 그 사실을 나만 몰랐을 뿐.

계속 회사를 다니고 싶다.

한때는 퇴사하고 싶은 생각도 있었지만 지금은 오래 회사를 다니고 싶은 마음뿐이다.

20대 때는 훌쩍 떠날 수 있었다.

하지만 지금은 갚아야 할 주택자금 빚이 있고, 자동차 대출금도 갚아야 한다.

옛날엔 갈 곳이 많았지만 지금은 더 이상 일할 곳이 없다.

오래오래 잘리지 않고 다니고 싶다.

글을 쓰지 않으면 조금이라도 이 회사를 더 다닐 수 있을까.

글이라도 써야 내가 아직은 살아 있다는 것을 느낄 수 있는데.

시간을 뒤로 되돌릴 수 있는 방법은 없다.

그래서 나는 일하고, 쓰고, 놀고 먹는다.

아직은 회사가 나를 필요로 해주길 바라며.

33. 카피 쓰기

카피를 써야 한다.

컴퓨터 화면을 하염없이 노려보고 있다. 아무 생각도 나지 않는다.

현업 담당자가 전화를 걸어와서 자기는 이런 콘셉트를 원한다며 페이지 주소를 보내주었다. 내용은 별 게 없는데 빈 부분을 카피가 메우고 있는 홈페이지다. 큼직큼직한 이미지와 카피가 채우고 있는 화면.

예를 들면 이런 것이다. 그냥 '추천 상품'이라고만 쓰면 되는데, '놓치지 마세요. 핫한 이달의 특가 아이템입니다.' 이런 식으로 줄줄이 문장으로 되어 있는 것이다.

나는 전문 카피라이터가 아니다. 하지만 회사에서 월급을 받는 직원이기 때문에 어떻게든 카피를 만들어내야 한다. 그게 지금 내게 주어진 일이기에.

다른 사이트를 뒤져본다. 이 문장 저 문장을 따와서 짜깁기한다. 고소당하지 않으려면 비슷하되 다르게 써야 한다. 겨우 어찌어찌 해낸다. 머리가 지끈거린다.

웹기획자는 만능이 되어야 한다. 디자인에도 조예가 있어야 하고, 개발 쪽으로 머리가 돌아가는 건 기본이다. 게다가 뭔가를 창조해내는 데도 능해야 한다. 지금 이 카피를 만드는 것이 그렇다. 글을 쓴다고 모든 글을 다 잘 쓰는 건 아니다. 카피 만드는 건 더더욱 어려운 일이다.

나는 웹기획자에다 글도 쓰지만 이런 덴 영 꽝이다.

나도 카피를 잘 쓰고 싶다. 일 잘한다는 소리를 좀 들어보고 싶은데. 오늘도 쉽지 않은 하루다.

34. 뜨끔하고 찔리고

요즘 오쿠다 히데오의 책 〈라라피포〉(노마드북스, 2006)를 재미있게 읽고 있다. 오쿠다 히데오 특유의 유머감각과 함께, 주인공의 신세며 처지가 공감을 불러일으킨다. 아침마다 1페이지씩 읽고 있는데 오늘은 아래와 같은 내용이 나왔다.

'내용 자체를 이해할 수 없다 보니 점점 스트레스가 쌓여간다. 고작 6페이지밖에 안 되는 원고에 3일이나 시간을 허비하는 것도 그 때문이다. 성취감도 충족감도 없다. 차라리 육체노동이라면 땀도 흘리고 기분도 좋을 것이다.'

가슴이 뜨끔했다.

점심시간에는 밥을 먹는데 회사 눈치에 관한 얘기가 나왔다. 눈치 보느라 퇴근 시간에도 빨리 퇴근을 못한다는 일반적인 하소연이었다. 그런데 윗사람의 입장을 대변하는 측에서 다음과 같이 말하는 것이었다.

"일 못하는 사람 못 자르니 그렇게라도 눈치를 줄 수밖에."

등줄기가 서늘해졌다. 이건 나 들으라고 하는 이야기인가. 물론 나는 그 대화에 있어서 중립적인 입장이었고 그 사람도 대놓고 나를 저격한 건 아니겠지만, 괜히 찔리는 마음은 어쩔 수 없었다.

나는 지금 무엇을 위해 일을 하고 있는 걸까. 성취감도 충족감도 없는 일에 매달려서 헤매고 있는 것은 아닌지, 적성에 맞지 않는 일을 너무 오랫동안 끌고 온 건 아닌지 고민이 깊어진다.

너무 심각하게 생각하는 걸까. 분명히 일을 좋아서, 즐기면서 하는 사람도 있을 텐데 나는 왜 그렇게 될 수 없는지. 세상에 쉬운 일이 어디 있겠냐만은 그래도 나에게 맞는 다른 일이 있지 않을까, 하는 생각이 든다.

쓸데없는 생각이겠지…….

35. 공기처럼 살고 싶다, 있는 듯 없는 듯

우리 팀에 기획자가 너무 많았나 보다.

새로 온 기획자까지 합쳐서 총 세 명인데, 기획자 중 한 명이 다른 팀으로 파견을 간다고 한다. 파견 기간은 총 3개월. 3개월 뒤에 돌아온다면 좋겠지만, 다른 팀으로 파견 갔던 또 다른 기획자도 돌아오지 못하고 그 팀에 남은 케이스가 있어서 복귀 여부는 미지수다.

그렇게 되면 나와 새 기획자 달랑 둘만 남게 된다.

당장 발등에 불이 떨어지게 생겼다. 아직 업무 프로세스나 회사에 대해 배워야 할 것이 많은 새 기획자에게, 나는 적합한 선배가 아니다. 나는 남을 가르치는 재주는 꽝이다.

내가 가는 게 맞지 않았을까. 하지만 그 팀에서 원한 건 나 같은 '쩌리'가 아니었을 것이다.

머리 위로 먹구름이 몰려오는 듯하다. 도망가고 싶다. 지금 업무만으로도 버거운데, 이제 다른 중요한 업무들까지 인수인계를 받아야 한다. 새 기획자에게 미룰 수도 없다. 나는 남들이 보기에, 나이로도 경력으로도 어엿한 선배인 것이다.

선배 같지 않은 선배. 새 기획자의 표정도 어두워진 것처럼 보이는 건 내 착각일까. 이제 진짜 잘해야 한다. 더 이상 말이 나와선 안 된다. 새 기획자에게 유능한 선배처럼은 보이지 못하더라도, 쩌리로 보이지는 말아야 한다.

어떻게 된 게 하루라도 조용히 넘어가는 법이 없다. 제발 있는 듯 없는 듯 있고 싶다. 공기처럼 있는 듯 없는 듯······.

36. 오랜만에 바쁜 날

오랜만에 바쁘다. 쓸데없이 바쁘다. 등에 땀이 고인다.

진도를 빼야 할 기획은 현업에서 자료를 주지 않아서

못하고 있고, 다른 기획서는 현업에서 계속 수정을 요구해서 작성하고 있는 형편이다. 오늘 바빠서 내일 쉴 수 있다면 좋겠지만, 수정사항만 처리하느라 오늘도 바쁘고 내일도 바쁠 예정이다.

그래도 약간 뿌듯하다고 해야 할까. 적어도 눈치는 보지 않아서 좋다.

오랜만에 야근이란 걸 해본다. 오늘은 법인카드로 저녁을 사 먹어야겠다.

37. 기획안은 사라진다

아는 사람의 에세이가 중앙 일간지에 실렸다. 좋아요 수도 꽤 되고, 댓글도 제법 달렸다. 심히 부럽다.

책상에 앉아 컴퓨터 화면을 쳐다보고 있자니 한숨이 나온다.

나도 내가 쓴 글이 어디에 좀 실려봤으면 좋겠다는 생각과 함께, 내가 지금 이 일을 해서 뭐 하나 싶은 생각이 동시에 든다. 어차피 사라질 기획안이 아닌가. 사이트가 오픈하면 뿌듯함을 느끼지 않겠냐고 하겠지만, 디자인 페이지와 개발한 화면은 남겠지만 기획서가 보여지는 것은 아니니까.

아니, 내 기획안이 오픈되는 건 절대로 싫다. 이렇게 엉성하고 아무렇게나 만들어진 기획안을 다른 사람들에게 보이고 싶지는 않다.

단지 이렇게 하소연하듯 끄적거리는 내 글이 언젠가 지면에 실렸으면 하는 것뿐이다. 너무 큰 바람일까? 아무튼, 오늘은 그 사람이 좀 많이 부럽다.

38. 사무실이 춥게 느껴진 날

내가 맡은 프로젝트의 담당자가 교체되었다.

현업과 커뮤니케이션하는 역할인데, 프로젝트를 여러 개 맡아서 벅차 하는 것 같다고 다른 사람으로 교체했다.

그렇다. 교체당한 사람이 바로 나다. 원래 기획자가 현업과 커뮤니케이션하는 게 정상인데, 기획자가 아닌 웹 퍼블리셔가 그 자리를 맡게 되었다.

명분은 있다. 내가 하던 업무를 새롭게 하게 된 그분은 나이도 제일 많고 회사도 오래 다녔다. 기획 쪽 경험도 있는지는 잘 모르겠지만 기획 파트가 생긴다면 파트장이 될 수도 있는 사람이다. 한마디로 더 노련하다고 해야 할까.

요컨대 현업에게 안 되는 건 안 된다고 말할 수 있는 사람을 원하는 것이다. 나는 그 조율을 못한다고 판단한 거고.

비참해졌다. 겉으로 티는 내지 않았지만, 솔직히 상처받았다. 내가 그렇게 뭘 못하는가 싶고 도움이 안 되는 사람인가 싶었다.

조용히 회의실에서 물러났다. 자리로 돌아와 귀에 이어폰을 꽂고 음악을 재생시킨다. 음악도 온전히 위로가 돼주지는 못한다. 하지만 받아들이는 수밖에 없으니까…….

사무실이 문득 춥게 느껴진다. 옷깃을 여며본다.

39. 노예근성

UX 스터디 수강생 자리가 세 명 남았다고 한다.

옆자리에 앉은 기획자는 좋은 기회라며 같이 듣자고 한다. 물론 회사에서 지원은 없다. 코로나 여파로 매출이 줄어들자 모든 제반 비용을 줄이라는 공지가 떨어졌고, 게다가 이건 교육이 아니라 말 그대로 스터디니까. 우리 파트에서 너무 교육을 많이 듣는다며 위에서 말이 나왔다고도 한다. 지난번 썼던 대로 밤 8시부터 10시까지, 퇴근 후에 듣는 수업이다. 내 개인 시간을 바쳐서 수강하는.

나는 싫다는 말을 하지 않고 흥미가 있는 척한다. 물론 흥미가 아예 없는 건 아니다. 하지만 그 흥미라는 건, 살기 위한 절박함에서 나온 감정이지 마음속 깊은 곳에서부터 우러나온 흥미가 아니다. 어쨌든 나는 현실을 받아들이기로 했다. 이 상태에서 답보 상태로 있기보다는, 뭐라도 수강하는 게 나에게도 도움이 될 것이다.

수업을 신청하려는 찰나, 문제가 생겼다. 내가 현재 듣고 있는 다른 수업 시간과 겹치는 것이었다. 그 수업이란 건 글쓰기 수업으로, 회사 일과는 관련이 없지만 내가 정말 듣고 싶어서 듣는 수업이다. 나는 기어들어가는 목소리로 다른 수업이 있어서 듣지 못할 것 같다고 말했다. 옆 기획자는 실망하는 눈치가 역력했지만, 내 취미 활동까지 포기하면서 회사와 관련된 수업을 들을 수는 없다.

어쨌든 돈을 주는 회사와 관련된 일을 우선시해야 했던 걸까. 왠지 모르게 양심에 가책을 느낀다. 이런 걸 노예근성이라고 하는 걸까. 오늘도 마음이 무겁다.

40. 진보주의자는 아닌 것 같기도

여긴 어디고 나는 누구인가.
팀에서 하는 메인 시안 보고 시연회에 앉아 있다. 내일

현업에게 보고를 하기 전에 미리 한 번 연습을 해보는 거라고 한다. 기획자와 디자이너가 PPT를 띄워 놓고 돌아가며 해당 프로젝트 구축의 목적과 데이터 분석, 디자인 콘셉트를 설명한다. 원래는 없었던 절차다. 예전에는 그냥 디자인만 보여주고 현업에서 시안을 고르기만 하면 되었다.

발표를 하는 기획자와 디자이너의 얼굴은 상기되어 있다. 나도 곧 저 자리에 서서 발표를 해야 할 것이다.

질문이 있느냐는 말에 눈치를 보던 직원들이 여기저기서 손을 들고 의견을 발표한다. 나도 뭔가 한마디 해야 할 것 같은 분위기다. 하지만 나는 침묵을 고수한다. 나는 저 발표자의 속마음에 감정이입을 하고 있다. 얼마나 불편할까, 얼마나 이 시간을 끝내고 싶을까…….

그렇다, 나는 저 광경을 보는 것만으로도 미쳐버릴 것 같은 것이다. 곧 다가올 나의 미래가 그려진다. 삐뚤빼뚤한 PPT를 넘기며 버벅거리는 내 모습이, XD를 할 줄 몰라 시연을 삐끗하는 내 모습이. 말은 안 하지만 참석자들은 속으로 나를 안타까워하거나 한심해할 것이다. 그리고 다른 기획자와 나를 비교하겠지.

나는 미리부터 절망하고 있다. 새 변화를 두려워하는 것을 보면, 나는 진보주의자는 아닌 것 같다.

41. 우물 안 개구리

오늘은 쇼킹한 날이다.

회사 웹사이트 구축과 관련해 에이전시에서 제안 발표
회를 했다. 에이전시는 역시 달랐다. 시안도 네 개나 가져와
서 시연을 해 보였다.

나는 우물 안 개구리였다.

눈물이 날 것 같다. 나는 큐레이션이 뭔지도 모르고 있
었다.

나도 에이전시에 있었던 적이 있었다. 내 나이 **20**대 때
의 일이다. 그 사이에 무슨 일이 있었던 것일까.

제안을 듣는 사람들의 눈이 초롱초롱 빛난다. 질문도 많이 한다. 나는 질문할 거리도 없다. 매일 쇼크를 받기만 하고 있다.

나도 저 에이전시의 기획자처럼 될 수 있을까. 멋지게 제안서를 작성하고 사람들 앞에서 **PT**를 할 수 있을까. 학원이라도 다녀야 하는 걸까. 잠자고 있던 내 역량을 끌어올려야 할 시기다. 하지만 어떻게 해야 할까.

이런 내 심정을 연습장에 적었더니, 발표회가 끝나고 동료들이 뭘 그렇게 열심히 적느냐고 물어본다. 대충 둘러댔다. 보는 눈이 많다. 다음부터는 조심을 해야겠다.

42. 디자이너

디자이너가 갑자기 내가 만든 스토리보드를 보고 싶다고 메신저로 말을 걸어왔다. 나에게 **UX/UI**를 고려해서 기획하라고 조언했던 그 디자이너다.

무슨 일일까. 아무렇지 않은 척 스토리보드를 공유했지만 벌써부터 가슴이 뛰기 시작한다.

무슨 흠이라도 있나. 작업하고 있는 다른 디자이너가 내 기획서가 구리다고 했나. 별별 생각이 다 든다. 스토리보

드를 인쇄한 디자이너는 나에게 다가와서 이것저것 물어본
다. 심장이 콩닥콩닥 뛰지만 애써 태연한 척한다. 다행히 별
일 없이 지나갔다. 아니, 그냥 그 디자이너는 나에 대해 포기
한 것인지도 모른다. 마음이 무겁다.

43. 촛불 켜놓고 글을 쓸 사주

어제는 사주를 보러 갔다.

집으로 가는 길에 사주카페라는 간판이 보였다. 별로
관심이 있는 건 아니었지만 지푸라기라도 잡고 싶은 마음이
있었나 보다. 신년이 지나긴 했지만 올해 운세에 대한 호기
심도 조금 있었고. 2층 계단을 올라가 문을 열었다.

3만 원을 내고 기본 사주를 보았다. 사주를 봐주시는 분
이, 나는 책상에 앉아서 촛불 켜놓고 글을 쓸 사주라고 한다.
그런데 사회생활을 해야 되니까 힘든 팔자라고 한다. 현실
감각은 있어서 회사는 계속 다니지만 우울증에 시달릴 수가
있다고.

이 점쟁이, 용하다는 생각이 들었다.

하지만 너무 호응해주면 추가 금액을 내라고 할까 봐 그저 네네, 하며 듣기만 했다. 올해 운은 그럭저럭, 그래도 5월에 좋은 일이 있을 거라고 했다.

사주카페 문을 열고 나오는 길, 갑자기 퇴사하고 싶다는 생각이 쓰나미처럼 몰려들었다. 점쟁이 말에 따르면, 나는 여태껏 맞지 않는 옷을 입고 불편을 감수하며 살았던 것이다. 직장을 그만두면 뭐 먹고 살래, 라고 물으면 또다시 우울해지지만. 이래도 우울하고 저래도 우울하다. 나는 무엇을 하며 살아야 할까.

그래도 조금 위안은 되었다. 내가 못나서가 아니라, 타고난 팔자라고 생각하면 조금은 마음이 환해진다.

44. 친화력 제로

나는 친화력이 제로에 가깝다. 이것은 결코 과장이 아니
다. 누구라도 나를 아는 사람이라면 고개를 끄덕일 것이다.

새로 온 기획자는 매우 활발하다. 밝고 긍정적인 성격
에 친화력도 좋다. 들어온 지 한 달이 안 되었는데도 나보다
더 많이 친한 사람을 만든 것 같다. 마스크도 같이 사러 가
고, 어느새 점심 약속을 따로 잡는 사이까지 생겼다.

일도 척척 잘 해내고 있다. 모르는 게 있어도 꿍한 나와
달리 질문도 많이 하고 회의도 앞장서서 진행한다. 개발자
와도 하하호호 웃으면서 대화한다. 개발자의 웃음소리라니,
그 얼마나 내가 바라는 것이었던가. 그의 사교성과 열정이
부럽다.

그런 그가 유독 친해지지 못하는 사람이 있으니, 그건
바로 나다.

새 기획자는 내 옆자리에 앉아 있는데, 하루 종일 대화
한마디 안 할 때도 있다. 새 기획자가 말을 걸어오면 나의 몸
은 뻣뻣해지고 머릿속은 새하얘진다. 애써 웃으며 답변을
해보지만 그것은 단답형으로 끝날 뿐, 핑퐁처럼 오가야 할
대화는 금세 끝나버리고 만다. 나도 답답하지만 어떻게 해
야 할지 모르겠다. 게다가 나의 인간에 대한 기억력은 0에

수렴해서, 지난번에 얘기한 직원의 아기가 남자인지 여자인지도 생각이 안 나는 경우가 많다. 새 기획자의 아이는 남자였던가, 여자였던가.

말 없는 나를 고쳐보고 싶지만, 쉽지 않다. 내 정서가 나아지지 않는 이유는 무엇인가. 아침마다 꼬박꼬박 약을 먹는데도 그 약은 말하는 능력을 키워주지는 못하나 보다.

언젠가는 친해질 수 있겠지. 언젠가는……. 이상은의 노래 〈언젠가는〉이 떠오른다.

45. 나는 유능한 기획자가 아닌데

새 기획자가 나에게 참고 차원에서 관리자 스토리보드를 공유해줄 수 있냐고 물었다. 떨떠름하게 알았다고 대답했다. 내 스토리보드는 참고될 게 없는데……. 새 기획자가 내 스토리보드를 보고 비웃을까 봐 겁이 난다. 새 기획자는 내가 매우 유능한 기획자라고 착각하고 있는 게 틀림없다. 겉으로 보기에는 그럴 법도 하다. 나는 현재 두 개의 프로젝트를 동시에 진행 중이고, 매일 무언가를 하느라 바빠 보이기 때문이다. 실상은 그렇지 않은데……. 옆으로 고개를 돌리기가 부끄럽다. 새 기획자가 내 기획서를 들여다보고 품

평을 할 것이 두려워진다. 어쩌다 이렇게 되었을까. 그래도 나름 경력 있는 웹기획자인데. 어느새 자신감이 바닥까지 떨어진 건 아닌지, 자신감 올리기 프로젝트라도 시작해야 하는 거 아닌가 싶다.

46. 회사에서 웃음을 잃었다

모두가 웃고 있는데 나만 무표정으로 앉아 있다.

주간업무보고 회의 시간. 누군가가 농담을 했고 그 농담에 모두들 와하하, 웃었다. 그때 깨달았다. 나만 웃고 있지 않다는 것을.

코로나 때문에 마스크를 쓰고 있어서, 내가 웃지 않은 것을 들키지 않았다. 다행이었다.

나는 어쩌다 회사에서 웃음을 잃어버리게 된 걸까. 언젠가 웃었던 적이 있었던 것 같긴 한데. 너무 오래전 기억일까, 잘 생각이 나지 않는다.

어쩌면 우울증이 더 깊어진 것일 수도. 회사란 근본적으로 우울을 불러들이는 매개체가 아닐까 생각한다. 물론 다른 사람들이 웃고 있는 것은 설명이 쉽지 않지만. 으쌰으쌰, 힘을 내야 할 텐데, 내겐 그 DNA가 남들보다 현저히 떨어지는지도 모른다. 그러니까 이런 글도 쓰고 있는 것일 테고.

애써 입꼬리를 쓰윽, 올려본다.

47. 카카오톡 이모티콘

카카오톡 기본 이모티콘을 사용하는 것은 늙은 것일까, 아닌 것일까.

나는 카카오톡 기본 이모티콘을 사용하고 있다. 돈 주고 이모티콘을 사는 것은 왠지 내키지 않는다. 이모티콘 자체를 싫어하는 것은 아니다. 채팅창에서 나는 이모티콘을 자주 사용하는 편이다. 내 감정을 드러내야 할 일이 있을 때, 또는 짧은 대화 대신에 이모티콘을 쓰는 것이다.

　늙어서 그런가, 이모티콘을 많이 사용하네. 오늘도 대화에 무료 이모티콘을 첨부하다 말고 그런 생각이 들었다. 모든 것이 늙어서, 로 귀결된다. 어르신들이 예쁘다며 꽃 사진을 많이 찍는 것처럼, 어디서 받았는지 모를 화려한 이미지를 첨부하는 것처럼. 내가 이모티콘을, 그것도 무료 이모티콘을 대화할 때마다 첨부하는 것이 다른 어린 사람들에게는 그런 식으로 비치지 않을까.

　젊은이들은 자기만의 개성을 드러내는 유료 이모티콘을 사고, 그것을 자유자재로 사용하는 것 같다. 물론 무료 이모티콘을 사용하는 경우도 있을 것이다. 무료냐, 유료냐, 텍스트냐, 이미지냐. 중요한 건 그런 게 아니라 마음가짐인가. 젊은 마음가짐이란 무엇일까, 늙어가는 나는 생각한다.

48. MBTI 검사

　재미 삼아 MBTI 검사를 했다. 나는 INFJ가 나왔다.

　내가 한국 사회에서 살아가기 힘든 유형이라고 한다. 조직 생활에 적응을 잘 하지 못한다고, 특히 한국에서는 살기가 만만치 않을 거라고. 왜 이렇게 회사 다니기가 힘든지 답을 찾은 듯한 기분이다.

　하지만 그렇다고 검사 때문에 회사를 그만둘 수도 없는 노릇이다. 다행히 오늘은 금요일이다. 자꾸 시계를 들여다보게 된다. 언제쯤 퇴근할 수 있을까. 물론 6시가 되었다고 칼퇴근할 수 있는 건 아니지만.

　일하기가 정말 싫은 날이 있다. 365일 일하기가 싫지만, 그중에서도 특히 싫은 날. 오늘은 어땠을까. 그 정도까지는 아니었던 것 같기도 하고, 그런 것 같기도 하고.

　시계는 6시를 넘어서고 있다. 일하는 척하며 이렇게 글을 끄적거리는 것도 시간을 보내기 위한 방법이다. 퇴근 시간에 총알처럼 튀어나가고 싶은데 현실은 그렇지 못하다. 내가 MBTI 검사 결과를 보고도 회사를 그만두지 못하는 것처럼.

　MBTI 유형과 지금 하는 일이 적성에 맞지 않다면 합법적으로 그만두고 연금을 받아 쓸 수 있는 법이 있으면 좋겠다. 그럼 정말 행복할 텐데.

49. 월요일 같은 기분

나는 예전에 썼다시피 웹기획을 하는 것과 동시에 전표 처리하는 일도 하고 있다.

이번에 프리랜서 외주용역비 세금계산서 정산까지 하게 되었다.

증빙 자료를 첨부해야 하는데, 첨부된 기안문에 해당 프리랜서의 이력서가 있었다. 호기심이 든 나는 이력서를 살펴보게 되었다.

과연 프리랜서답게 입지전적인 인물이었다. 경력도 화려하고 직책도 높았다. 물론 월급이 센 건 당연한 일이었다. 넋 놓고 보고 있는데 이력서 맨 오른쪽 위 칸에 프리랜서의 나이가 기재되어 있었다.

출생연도 7X년생. 나랑 별 차이는 없지만 나보다 나이가 많다. 알 수 없는 안도감과 동시에, 허탈함이 밀려들었다.

그렇다. 나이가 들어도 일해야 하는 것이다. 5년이 지나도, 10년이 지나도 일을 해야 먹고 산다. 이 단순한 이치가 뼈를 때렸다. 한숨이 나왔다. 집을 사고, 차를 사고, 예쁜 옷을 사기 위해서는 그래야 한다. 게다가 오늘은 월요일이다. 이런 월요일 같은 기분을 5년이고 10년이고 반복해서 느껴야 한다니, 벗어날 수 없는 굴레에 갇힌 듯하다.

그래도 언젠가는 퇴근 시간이 찾아오는 것처럼, 꽉 막힌 내 인생에도 숨통이 트일 날이 올지 모른다. 그렇게 위안하며, 또 하루를 보낸다.

50. 모니터

내가 쓰는 모니터는 너무 크다. 뒤에서 다 보인다. 욕심에만 눈이 멀어 모니터를 두 대나 신청한 것이 문제였다. 다른 사람들은 노트북 한 개에 모니터 한 개인데, 나는 노트북한 개에 모니터가 두 개이다. 그러다 보니 저 멀리서도 내가 뭘 하고 있는지 다 볼 수가 있다.

물론 그럴 거라고는 생각했지만 심각하게 고려해보지는 않았다. 그런데 오늘 뒤로 갈 일이 있었는데, 그 자리에서 내 자리를 보니 너무나 크게 화면이 보이는 것이었다. 충격을 받았다.

　　그렇다고 모니터를 가릴 수도 없다. 더 의심받을 게 뻔하다. 빼도 박도 못하고 일하는 화면만 띄워 놓고 있어야 할 판이다. 일에만 집중하는 수밖에 없다. 사실 그게 맞는 얘기지만, 어디 가능한 얘기인가.

　　한번은 그런 비슷한 일 관련해서 다른 사람이 불만을 털어놓은 적이 있었는데, 그 말을 듣고 있던 또 다른 직원이 말했다.

　　"난 오히려 모니터를 뒤에서 상사가 보니까 더 괜찮던데. 내가 얼마나 일을 많이 하는지 다 볼 테니까."

　　이 땅의 CEO들이 환호성을 지를 법한 대답이었다.

　　일하러 가야겠다. 커다란 모니터에 일하는 화면을 잔뜩 띄워 놓고 열심히 구슬땀을 흘려야지. 모니터 앞에서 구슬땀이 나는 게 가능이나 한 건지 모르겠지만.

51. 오픽 시험

요즘 오픽(OPIc) 시험 대비 학원을 다니고 있다.

직무 자격증이나 외국어 관련 자격증이 없으면 승진할 수가 없게 되었다. 물론 승진과 나는 별 상관이 없지만, 눈 밖에 나지 않으려면 시험을 봐서 점수를 올리는 것밖에 다른 수가 없다.

오픽 시험 접수를 해보려고 홈페이지에 접속했다. 회원 가입을 해야 시험 접수를 할 수 있다고 해서 '회원가입' 버튼을 눌렀다. 그런데 회원 유형을 고르는 부분에 '어린이 회원' 란이 있었다.

어린이도 영어 자격 시험을 본단 말인가!

엄청난 충격이 전해져 왔다. 나는 도대체 이 나이 먹도록 뭐 했단 말인가, 하는 자책이 밀려들었다. 도태. 머릿속에서 이 단어가 떠오른 순간, 잡귀라도 쫓아내듯이 고개를 흔들어버렸다. 늙어도 도태되고 싶지 않다. 인간의 필수 조건에 영어 시험이 있는 줄을 알았더라면, 나는 조금 더 일찍 영어 공부를 시작했을까. 잘 모르겠다. 다만 내 경쟁자 중에는 이제 어린이도 있다는 것을 깨닫게 되었을 뿐이다.

학원을 다니기만 하고 숙제도 제대로 하지 않았는데, 이제부터라도 안 되는 머리를 쥐어짜내 봐야겠다. 어린이에게 뒤처지지 않으려면.

52. 매일의 도전

일을 못하면 시간이라도 때워야 한다.

지금은 6시 23분. 일은 진작에 끝났지만 나는 미적거리면서 의자에 앉아 있다. 너무 일찍 가면 일이 없는 것처럼 보일 것이고, 그렇다고 또 야근이라도 하면 무슨 일을 하길래 저러는지 의문을 가질 것이다. 적당한 시간에 퇴근하는 것, 그게 매일의 도전이다. 어렵지만 직장인의 필수 덕목. 이렇게 워드 프로그램을 열어 글을 끄적거린다. 시간을 때우기 위해, 평범해 보이기 위해, 남들 눈에 띄지 않기 위해.

시간이 흐르고, 나는 눈치를 보다 퇴근할 것이다. 그전에 상사가 퇴근해주면 좋으련만, 팀장과 파트장은 자리에 앉아 일어설 줄을 모른다. 저것은 퇴근 인사를 받겠다는 의지의 표현일지 모른다. 늘 인사는 하기 싫지만, 너무 늦게 갈 수도 없으니 먼저 가려면 인사를 안 할 수가 없다. 상사들은 인사 페티쉬라는 취향이 DNA에 박혀 있는 건지도 모른다.

시계가 6시 30분을 넘어섰다. 엉덩이를 움찔거린다. 더 늦게 가고 싶지는 않다. 하지만 나보다 먼저 퇴근한 사람이 한 명밖에 없다. 적어도 서너 명이 먼저 퇴근해주면 좋을 텐데. 에라, 모르겠다. 퇴근 시간은 넘겼으니 먼저 일어날 수밖에. 은근슬쩍 프로그램들을 닫는데 전화벨이 울린다. 아직 퇴근하지 않은 관련 담당자다. 다시 자리에 앉는다. 그렇게 다시 일을 하는 척하며, 나는 워드 프로그램을 켠다. 글을 끄적거린다. 반복에 반복. 오늘은 언제 갈 수 있을까.

53. 비 오는 날

밖에는 비가 오고 있다.

비가 오니까 잠이 온다. 나이가 들면 날씨의 기복을 더 잘 느낀다고 하던데, 기복은 잘 모르겠고 피곤한 건 분명한 것 같다. 계속 하품이 난다. 비가 오기 때문에 밖에 나가서 바람 쐬고 올 수도 없다.

읽고 읽었던 문서를 또다시 읽는다. 오랜만에 한가하다. 그렇다고 여유로운 마음은 들지 않는다. 언제 무슨 일이 터질지, 언제 어떻게 잡도리를 당할지 모르기 때문이다. 아침엔 또 개발자로부터 지청구를 들었다.

"전에 얘기했잖아요."

개발자의 불만 가득한 표정에 또 시작이구나, 싶었다. 하지만 예전처럼 심한 타격은 없다. 주말 내내 이 문제로 전전긍긍했기 때문이다. 미리 준비하고 맞는 매는 덜 아플까.

일을 잘하는 사람은 얼마나 될까. 자신이 일을 잘한다고 생각하는 사람은. 나도 한때는 내 일에 자부심이랄까, 자신감 같은 것이 있었는데.

직장인에게도 방학이 있었으면 좋겠다. 그 기간에 자기계발을 해서 실력을 향상시킬 수 있게. 숙제는 하지 않고 딴 길로 샐지도 모르지만.

비도 오고 일은 없고. 이런저런 생각으로 시간을 흘려보낸다.

54. 스쿨 멘토링

스쿨 멘토링을 신청했다. 스쿨 멘토링이란, 기업과 고등학교가 전략적으로 제휴하여 직원과 학생이 1:1 멘토링을 하는 것을 말한다.

스쿨 멘토링을 신청한 이유는 단순하다. 성인이 된 후 지금껏 만나보지 못했던 고등학생이라는 희귀한 존재를 만나고, 거기서 젊음의 기를 받고 싶었다. 단순한 호기심, 그 이상도 이하도 아니었다. 그리고 그냥 일만 하는 것보다는 재미있을 것도 같았다.

오늘 오리엔테이션을 했다. 인공지능, 빅데이터, 알고리즘 같은 얘기들이 나왔다. 멘토링할 학생들은 그냥 공부만 하는 학생들이 아니었다. 특성화고에서 미래산업과 관련한 교육과 실습을 받는 학생들이었다. 해당 고등학교에서 한 해에 특허만 100개 이상을 출원한다고 한다. 팔에 오소소 소름이 돋았다.

학생이 궁금한 게 있다며 물어봤을 때 대답을 하지 못한다면 이 얼마나 쪽팔린 일인가. 멘토가 멘토가 되지 못하는 현실이 눈앞에 그려지며, 내가 왜 이걸 신청했는지 후회가 되기 시작했다. 멘토링이 그냥 말로 때우는 것이 아니라, 학습조직을 신설해 공부도 하고 유의미한 성과도 내야 한다고 했다. 기가 죽었다.

시간을 되돌리고 싶다. 학생들이 나의 불순한 멘토링 신청 의도를 알까 봐 두렵다. 내가 그토록 경멸했던, 일도 안 하는 꼰대가 되어 있을까 봐 두렵다. 어쨌든 공부해야 할 게 또 하나 늘었다. 나는 제대로 멘토링 활동을 마칠 수 있을까.

일단은, 시작해야 한다.

55. 황금연휴를 앞두고

매일매일을 견딘 결과, 드디어 5월 황금연휴를 맞이하게 되었다.

내일부터는 휴가다. 4월 30일부터 5월 5일 어린이날까지 쭉 쉴 수 있게 되었다.

일이 손에 안 잡힌다. 바깥 날씨는 매우 따뜻하고, 마음은 벌써 바다로 떠나고 있다. 초조한 마음에 자꾸 시계를 보게 된다. 아직 6시가 되려면 멀었다. 꼭 이럴 때는 시간이 느리게 간다. 얼마 만의 휴가인가.

과감하게 징검다리 휴일에 휴가를 썼다. 상사의 표정은 알 수 없다. 겉으로는 마음껏 휴가를 쓰라고 했으니까. 하지만 그날 휴가를 쓴 사람들은 얼마 되지 않는다.

얼굴에 철판을 깔지 않고서는 하루 쓰는 것도 눈치를
보는 것이다. 그래도 나는 떠나야겠다. 다시 매일매일을 견
디기 위해.

56. 이커머스 활성화 방안

회사에서 운영하고 있는 이커머스 활성화 방안에 대한
아이디어를 생각해 오라고 한다. 오후에 회의를 할 예정이다.
인터넷에서 이커머스 활성화 방안을 검색해보며 아이
디어를 쥐어짜본다.

고객 개인화 서비스 강화. 뻔한 말이다. 고객 경험 서비스 강화. 뜬구름 잡는 소리다. 설상가상으로 나는 이커머스도 잘 사용하지 않는다. 오프라인에서 직접 물건을 보며 구매하는 게 내 취향에 더 맞다. 온라인에서는 책 말고는 사본적이 없다.

하지만 나는 기획자다. 사람들 앞에서 아이디어가 있는 척 말을 해야 한다. 아무 말도 없이 돌처럼 앉아 있으면 나는 또 눈총을 받을 것이다. 하지만 아무런 아이디어도 떠오르지 않는다. 괴롭다. 물건이 좋아야 고객들이 사지. 삐딱한 마음뿐이다.

구글링을 열심히 해본다. 뭐라도 검색해보면 뭐가 나올지도 모른다. 회의에서 다만 한 마디라도 뻥긋할 수 있기를 바랄 뿐이다. 일을 못하면 말이라도 잘해야 되는데, 둘 다 안되는 나는 오늘도 스트레스의 바닷속을 헤매고 있다.

57. 웹기획자라는 직업

오랜만에 또 칭찬을 들었다. 언제나 나를 칭찬해주는 사람들은 나를 잘 모르는 사람들이다. 이번에도 칭찬은 타팀에서 나왔다. 그 팀에 나보다 한참은 어린 직원이 있는데

(정말 어린 직원이다.), 자기도 웹기획을 배우고 싶다며 나에게 늘 감사해하고 있다고 말하는 게 아닌가. ○○ 씨도 웹기획 배워서 우리 팀으로 와요, 라고 답하려다가 흠칫, 했다. 이 팀에 오면 나에 대한 환상은 금세 깨어지고 말 게 아닌가. 나는 만능 대답인 ㅎㅎㅎ, 로 상황을 정리했다.

웹기획은 매력적인 직업일까. 지금의 나로선 잘 모르겠다. 요즘은 디자이너나 개발자도 기획을 배우는 시대가 아닌가. 기획자가 기획만 하기엔 어딘지 모르게 찝찝하다. 추가적으로 디자인 감각이나 개발적인 재능이 있어야 할 것이다. 예전에도 그랬지만 지금은 더욱 그렇다는 생각이 든다. 공부해야 할 것도 많고 신경 써야 할 것들도 산더미다. 한마디로 골치 아픈 직업이다.

그렇다고 돈을 많이 받는 것도 아니다. 화끈하게 개발로 전향하지 않는 이상 연봉은 언제나 제자리이다. 많은 사람들이 웹기획을 떠났다. 학원 원장이 된 사람도 있고 외국으로 이민 간 사람도 있다. 마케팅이나 회계 쪽으로 전향한 사람도 있다. 웹기획은 전문성이 있는 직업일까. 그렇다면 그 사람들은 왜 떠났을까. 잘 모르겠다.

그 친구가 이 팀에 온다면 나보다 훨씬 잘할 것이다. 적어도 열정이 있으니까. 나에 대한 환상은 깨질지 몰라도, 자신의 커리어는 쌓을 수 있을 것이다. 사람들에게 칭찬도 들을 것이다. 어쩌면 팀 내에서 그럴지도 모른다. 그렇지만 그 친구에게 이 길을 추천하기는 어려울 것 같다. 그 어린 친구는 자신의 비전을 웹기획에서 발견했는지 몰라도, 이 길은 험난하다. AI가 세상을 조종하는 이 미래 시대에 웹기획은 과연 살아남을 수 있을 것인가. 한 치 앞을 모른 채로, 나는 오늘도 이렇게 버티고 있다.

58. 개발자에게 말 걸기

개발자에게 말을 걸까 말까, 눈치를 보고 있다. 뭔가 수정을 해달라고 말을 해야 하는데, 또 무슨 잔소리가 날아들지 두렵다. 내가 뭔가 조작을 잘못해서라거나, 이건 원래 안 되는 건데 뭘 모르는 무지렁이인 내가 해달라고 했다거나, 아무튼 공격거리는 많다.

개발자가 다른 사람과 통화하기만을 기다린다. 메신저로 말을 건다. 마치 직접 대화를 하고 싶었는데 통화 중이라 대화를 못 하고 어쩔 수 없이 메신저로 말을 거는 것처럼.

개발자가 전화를 끊는다. 가슴이 두근거린다. 메신저로 질문을 했다고 직접 가서 말을 해야 하나 말아야 하나. 일단 모르는 척 자리에 앉아 있다. 개발자는 메시지를 읽지 않는다. 갈등이 커져간다. 그는 내가 말을 걸 때마다 좋은 소리를 한 적이 없다. 그냥 욕먹자, 생각하며 가서 말을 걸어볼까. 하지만 오늘은 왠지 욕먹기가 싫다. 욕을 먹더라도 메신저로 먹고 싶다.

다행히 수정했다고 메신저로 대답이 온다. 고맙다고 말하고 싶지만 침묵을 지킨다. 나의 말 한마디가 그의 대답을 이끌어낼까 두렵다. 그것이 긍정적인 것이든 부정적인 것이든, 어떤 대답이 날아올지 모르니까. 눈치를 본다. 낮 12시, 밥 먹으러 나갈 시간에 맞춰 '고맙습니다.'라고 대답을 한다. 개발자가 바로 메시지를 보지 못하도록.

어쩌다 이렇게 된 걸까. 파블로프의 개처럼, 하도 욕을 먹어서 이제는 대화하기도 전에 겁부터 먹게 된 걸까. 나이도 훨씬 많고 경력도 높은 내가 이렇게 '쭈구리'가 되어 눈치를 보는 모습은 안쓰럽다. 어디 심리치료라도 받아야 하는 것 아닌가, 아니면 무슨 용기 학교 같은 데 가서 교육을 받아야 하는 거 아닐까.

며칠 전 사내 게시판에 뜬 무료 심리상담 게시글을 클릭해본다. 어쩌면 진짜 치료가 필요한지도 모른다. 용기를 기르자. 오늘도 다짐해보지만, 그의 뒷모습만 봐도 심장이 두근거리는 게 이러다가는 정말 병이 날지도 모른다는 생각이 든다. 뭐라도 하긴 해야 한다. 그렇게 생각하며, 오늘도 퇴근 시간을 기다린다. 아무 트러블 없이 무사히 시간이 지나가기만을 기대하며.

59. 심리상담

심리상담을 신청했다. 아무래도 미친 것 같아서다. 말 거는 게 뭐 그리 어렵다고, 혼자 심리전까지 해가며 고민을 한단 말인가. 상담 이유는 '업무+불안+우울'이라고 선택했다. 어느 한 가지만 딱 집어서 표현할 수가 없다.

사실은, 아직도 그 개발자에게 말을 못 걸고 있다. 개발자가 어제 말도 없이 마일리지를 넣어줬는데, 결제 테스트를 해보라고 넣어준 건지 아니면 뭔지 알 수가 없다. 마일리지를 포함해서 결제 테스트를 해봐도 되냐고 물어보기만 하면 되는데, 그 한마디를 할 수가 없어서 심리치료까지 신청하는 모습이라니. 자존감이 바닥을 치고 지하까지 들어간 것 같다.

다른 개발자한테도 다 그러냐 하면, 그건 또 아니다. 오로지 그 개발자, 내가 뭐 물어보기만 하면 경멸 눈알을 장착하고 바라보는 그 개발자가 무서운 것이다. 나이는 또 제일 어리다. 꼰대처럼 말하자면 요즘 애들은 다 그런 것인지, 선배 어려워할 줄을 모른다. 그가 중요시하는 것은 오로지 실력. 나처럼 이도 저도 아닌 기획자에게는 막 대해도 된다는 사상을 가진 것인지도 모르겠다.

물론 그가 나한테만 그러는 것은 아니다. 다른 많은 사람들에게도 까칠함을 풍긴다. 하지만 그 사람들은 팀도 다르고 일을 자주 같이 하지 않는다. 나는 싫으나 좋으나 같이 붙어서 일해야 하는 처지다.

결국 심리상담을 신청하고 말았다. 회사 지원으로 무료라고 하니 잘 활용을 해야겠다. 질문은 내일 해야겠다. 오늘은 조용히 넘어가고 싶다. 내가 바뀌거나 그가 바뀌거나. 내가 딴 데로 가거나 그가 딴 데로 가거나. 일을 같이 하지 않거나. 수많은 경우의 수를 생각해본다. 역시 어렵다. 심리상담을 받고 나면 조금은 달라질 수 있을까.

60. 이런 오후도 있으면 어때

팀장도 파트장도 자리를 비운 오후, 사무실은 적막에 휩싸인다.

할 일은 많지만 무슨 일을 해야 할지 모르겠다. 이 일 기웃, 저 일 기웃, 조금씩 기웃거리며 일을 해본다.

심심하다. 내일부터는 미친 듯이 일에 휩쓸리게 될지라도, 지금 이 오후는 한산하고 심심하다. 사장이 알게 되면 천인공노할 일이겠지만.

또다시 워드 파일을 켜본다. 한동안 쓰지 않았던 글을 써본다. 알고 있다. 월급을 받는 노동자인 나는 더 빠르고 더 부지런하게 움직여야 한다는 것을.

하지만 이런 오후도 한 번쯤 있는 게 어떨까. 귀에 이어폰을 끼고 노래를 듣는다. 노동요로 듣는 것이 아니라, 정말 음악을 즐기기 위해. 노래는 더더의 〈Delight〉. 늙은 웹기획자에게 딱 맞는 옛날 노래다. 조금씩 몸을 들썩거려 본다. 즐겁다. 일하면서 즐거운 사람도 있을까, 생각해본다.

뒤에 앉은 개발자가 헛기침을 한다. 설마 내가 놀고 있는 걸 눈치챈 걸까. 들썩거리는 건 멈추기로 한다. 다만 음악은 계속 듣는다. 평화롭던 마음이 조금은 조마조마해진다. 그래도 지금은 누구에게도 방해받고 싶지 않다. 오늘은 금요일이니까. 한 시간 남았다. 조금만 더 버티자. 그래, 조금만 더.

61. 일머리를 기르고 싶지만

일하다 쉬는 시간이 생기면 무엇을 하느냐가 일머리 있는 기획자와 없는 기획자의 차이를 가르는 것 같다. 나의 경우엔 허겁지겁 오픽 숙제를 하고 워드 프로그램에 접속해 이런저런 소회를 적는다. 남들처럼 쇼핑도 하지 않고 항상 바쁘지만, 그것이 꼭 일 때문이라는 보장은 없다.

새 기획자가 나를 부르기에 돌아봤더니, 그는 쉬는 시간을 이용해 회사의 브랜드 사이트를 둘러보고 있었다. 그러더니 메뉴를 하나 파서 뭘 만들면 좋겠다는 둥, 브랜드가 지금은 안 산다는 둥, 나름 콘텐츠가 체계화되어 있다는 둥 말을 한다. 아, 쉬는 시간에는 저런 것들을 하는구나, 윗사람이 좋아하지 않을 수가 없겠구나, 하는 생각이 들었다. 그 반면에 나에 대한 성찰이 들었다.

그렇다. 나는 일머리가 없다. 나는 시킨 일만 하기에도 급급하다. 눈앞의 나무를 신경 쓰느라 숲을 보지 못하고, 날짜가 임박해오지 않으면 일을 들여다보지 않는다. 윗사람이 나를 싫어하겠구나, 그런 생각이 든다.

일머리를 기르고 싶지만, 무엇부터 해야 할지 알 수가 없다. 어떤 사람은 한꺼번에 할 일들을 계획하고 처리한다고 하던데, 나는 일에서만큼은 도통 그런 실력이 발휘가 되지 않는다.

물론 그랬던 시절도 있었지만. 시간이 너무 지나버렸다. 이제 다시 열심히 해보려고 해도 너무나 어렵다. 반면에 다른 것들은 퍼즐을 맞추듯이 딱딱 어떻게든 해치우게 된다. 오픽 숙제를 하고 영어 학원을 가고 글을 쓰고 스터디를 하고…….

일머리가 있다는 것은, 아마도 그 일을 좋아한다는 뜻이 아닐까. 일단 일을 좋아하는 마음을 키워봐야겠다. 마흔이 넘으면서부터 어딘가에 숨어 있는, 그 마음을 찾는 것이 우선일 듯싶다.

단체 채팅창에 용감한 디자이너가 포문을 열었다. 이렇게 만들어진 걸 저렇게 바꿔야 할 것 같다고. 사실 디자인적으로 보면 바꾸는 게 훨씬 낫지만, 그렇게 되면 개발을 수정해야 한다. 단체 채팅창에 침묵이 흐른다. 읽음 표시가 줄어들지만 누구도 대답을 하지 않는다. 나는 계속 할 말을 지웠다 다시 썼다 한다. 하지만 전송 버튼을 누를 수는 없다. 그 개발자의 성격을 알기 때문에. 읽지 않음 표시 1이 아직 떠 있다. 나는 그 1에 속한 척한다. 글을 읽지 않은 척, 그래서 대답을 못하는 척.

하지만 어쨌든 기획자니까 내가 먼저 대답을 해야 하긴 할 것 같다. '개발 수정이 있어야 할 것 같은데, 가능할까요?' 아, 너무 어려운 말이다. 마지막 1이 사라지면 대답을 하려고 마음먹는다. 아직 1이 줄어들지 않는다. 시간이 흘러간다. 제발 누군가가 나 대신 대답을 해주길, 아니면 마침내 1이 없어지기를 바라본다.

63. 꿈과 직업 사이

글쓰기 공모전에서 떨어졌다.

기분이 좋지 않다. 설상가상으로 오전에는 프로젝트 완료 보고까지 잡혀 있다. 하지만 완료 보고고 나발이고, 공모전에 떨어졌다는 사실이 나를 슬프게 한다.

심사평을 보니, 비윤리적인 내용을 그대로 써 보낸 사람도 있다면서 무개념 지원자를 질타하는 말이 눈에 띄었다. 그렇다. 나는 글 속에 담배 피우는 장면을 넣었다. 나에게 한 말은 아니겠지, 싶다가도 그게 꼭 나에게 하는 비난인 것만 같다. 바늘로 콕콕 찌르듯이 마음이 아프다.

발표 시간은 다가오고, 그런데도 나는 시간을 죽이면서 왜 떨어졌을까, 왜 떨어졌을까 곱씹고 있다. 나는 정말 웹기획으로 뼈를 묻어야 하는 것일까. 나의 다른 꿈은 이루어질 수 없는 것일까. 꿈 얘기를 하고 보니, 웹기획자가 꿈이었던 때가 있었던가 하는 생각이 든다. 나에게 웹기획자는 늘 직업이었다. 웹기획자가 꿈인 사람도 있을까. 꿈이란 건 어떤 것일까. 이루어질 수 없는 게 꿈인 것일까. 웹기획자가 꿈인 사람이 있다면 한번 만나보고 싶다. 당신에게 꿈이란 건 어떤 것인가, 하고.

아무튼, 오늘은 슬픈 날이다. 오늘은 또 정신이 멍한 상태로 하루를 보내게 될 것 같다. 또 깨지려나. 아무려면, 공모전에 떨어진 날인데 뭐 어떨까 싶다.

64. 내가 화를 냈을 때

일 때문에 화를 냈던 적이 있다.

내가 원하는 콘셉트대로 디자인이 나오지 않았다. 최대한 감정을 억누르고 다시 해달라고 했다.

무슨 이유인지 잘 기억이 안 나는 일도 있다. 아무튼 다른 기획자와 업무를 나누었는데 그 기획자가 자신의 임무를 제대로 이행하지 않았다. 낮은 목소리로 수정을 요청하며 화난 감정을 에둘러 표현하려고 했다.

그때의 나는 무엇에 그렇게 화가 나 있었던 것일까. 이제 와 생각하니 다 자존심 싸움이었던 것 같고, 마음이 부끄럽다. 아름다운 디자인, 성공적인 협업 결과, 그게 다 뭐라고. 오랜 시간 일을 잘하려고, 성공적인 결과를 만들려고 애써왔다. 그 공을 온전히 자신이 누리지 못한다는 것을 알기까지는 한참의 시간이 더 흐른 뒤였다.

사상 최대의 흑자를 올렸다며 기사에도 나왔던 우리 회사는 이번에 긴축 재정에 들어갔다. 10년 이상 근속자에게는 희망퇴직도 받고 있다. 회사를 위해 열심히 일해온 사람들, 회사와 자신을 일치시키며 세월을 보낸 사람들······. 사상 최대의 흑자 금액은 회사 오너의 부동산 투자로 들어갔고, 월급은 10년째 제자리걸음이다. 그래도 사람들은 열심히 일한다. 습관인 걸까, 체념인 걸까. 아니면 정말 즐거운 걸까. 성취감을 느끼는 사람들도 분명 있을 것이다. 예전의 나처럼. 빨간 알약을 삼켜버린 〈매트릭스〉의 주인공처럼, 나는 이제 예전으로는 돌아가지 못할 것 같다.

65. 내가 없는 회사

결과평가 B를 맞았다. B라는 알파벳이 이렇게 좋은 줄을 이제 알았다.

A를 못 받으면 심통이 나곤 했던 젊은 날의 나를 그려본다. 이제는 B에도 감지덕지다. 혹시 C를 잘못 봤을까 싶어 다시 보고 또 보고 한다. 나는 변한 게 없는데, C가 아닌 B를 준 것은 동정의 표시일까.

다음 주에는 여름 휴가를 떠난다. 최대 3일이 불문율이지만 나는 5일을 썼다. 뭔가 휴식이 필요한 것 같다. 회사에서 매일 쉬면서 무슨 소리냐고 할지도 모른다. 나 없는 동안 회사에 있는 기획자에게 인수인계할 업무를 정리하고 있다. 5번까지 쥐어짜내듯이 쓰고 나자 더 이상 쓸 말이 없다. 시간은 아직 3시. 좀이 쑤신다. 다음 주 할 일까지 몽땅 다 해버려서 할 일도 없다. 어서 떠나고 싶다. 일이 없는 걸 들킬까 봐 열심히 이것저것 쓰고 있다.

내가 없는 회사. 그래도 회사는 잘 돌아갈 것이다. 한때는 나 없으면 업무가 마비될 때도 있었는데. 과거를 추억하는 것은 내가 이제 늙었기 때문일까. 휴가를 끝내고 출근했을 때, 업무가 쌓여 있으면 좋을 것 같다. 아주 많이는 아니고, 딱 내가 회사 다닐 수 있을 만큼만.

앞으로 휴가 쓸 때 5일은 지양해달라는 단체 공지를 받았다.

66. 어느 웹기획자의 사치

160만 원짜리 오디오를 샀다. CD플레이어 및 블루투스, 라디오가 되는 일체형 오디오로, 하단에 서브 우퍼가 달려 있어 베이스가 더욱 깊이 있게 들린다. 음질도 좋고 디자인도 예뻐서 집 안 인테리어에도 그만이다. 단종된 모델을, 매장을 뒤지고 뒤져서 찾아낸 레어템이다.

　핸드폰은 싸구려로 사면서, 이럴 때는 또 사람이 돌아
버린다. 이건 바람직한 웹기획자의 자세가 아니다. 첨단에
는 눈을 감고 아날로그에는 집착한다. 나는 돈을 많이 벌지
않는다. 한마디로 저런 오디오를 살 주제가 안 된다. 하지만
매장에서 음향 전문가처럼 음악을 틀고 비교해보고 난리를
친 뒤, 나는 그것을 '지르고야' 말았다.

　그렇다. 나는 사치녀다. 그것도 쓸데없는 데 돈을 쓰는.
노트북 사양은 잘 알지도 못하면서 오디오에는 사운드가 어
떻고 베이스가 어떻고 이러쿵저러쿵 떠들어댄다.

　나는 어쩌면 유물 수집가가 되었으면 더 행복했을지 모
른다. 한없이 앞으로만 달려가는 웹기획자와 달리, 나는 뒤
돌아보는 것에 더 익숙하다. 침대에 누워 1998년도에 발매
된 재즈 앨범을 듣는다. 160만 원의 금액과 바꾼 음악 감상

의 시간, 이런 걸 행복이라고 부를 수 있는 걸까. 내일은 회사에 출근하고 싶지 않다.

67. 나는 주식을 하지 않는다

나는 그 흔한 주식 투자도 하지 않는다. 요즘은 주식 투자가 유행이라고 하던데. 동학개미들이 한국 주식을 살린다고, 인터넷 기사를 보니 90세 노인도 한다는데 나만 하지 않고 있다.

나도 주식을 하려고 했던 적이 있었다. 절차는 생각이 안 난다. 직장 동료가 이렇게 저렇게 해보라며 하라는 대로 개설을 했던 것 같다. 그리고 주식 2주를 샀다. 천 원짜리 주식이었다. 테스트로 산다고 한 것이었는데, 그게 내 처음이자 마지막 주식이 되고 말았다. 계정을 잊어버렸기 때문이다. 아무리 해도 로그인이 안 되더니, 급기야는 직접 증권사에 방문하라는 메시지가 뜨고 말았다. 핸드폰을 바꾸면서 공인인증서도 사라졌다. 귀찮아서 더는 주식을 하지 않았다.

그 주식은 지금쯤 얼마가 되었을까. 혹시나 하고 증권 앱에 들어갔더니 역시나다. 증권용/범용 인증서가 없어서

로그인이 안 된다고 한다. 160만 원짜리 오디오를 살 때는 기고만장하던 내가, 이런 때는 또 젬병이다. 언제쯤 나도 동학개미 군단에 합류할 수 있을까. 일단은 이 귀차니즘부터 극복해야 할 테지.

68. 말없는 웹기획자

PM(프로젝트 매니저) 자리를 넘겨주게 되었다. 내가 프로젝트에 대한 이해도가 없어 보인다는 것이다. 업체 미팅에서 내가 대화를 주도적으로 하지 않았다는 것이 이유다. 팀장이 대놓고 말한 것도 아니고 뒷담화하듯이 말해서, 다른 사람을 통해 전해 듣게 되었다.

말을 안 하려고 했던 것은 아니다. 다만 내가 말하려고 할 때마다 다른 사람이 끼어들어서 대답을 하고 대화를 이끌어갔다. 게다가 팀장을 비롯해 직급 높은 사람들이 훨씬 많이 있어서, 내가 감히 얘길 했다가 네가 뭔데 나대냐고 욕을 먹을 것 같았다. 전에 한 번 말 꺼냈다가 팀장한테 핀잔을 들은 적이 있어서, 팀장 앞에서는 더 위축되는 것도 있었다.

사실 난 말이 많은 편이 아니다. 내성적이고 낯도 많이 가린다. 그건 선천적인 기질이다. 어렸을 때 하도 말이 없어서, 내가 말을 못 하게 되는 건 아닐까 부모님이 걱정했을 정도다. 리더십이 필요하고 일을 주도적으로 진행해야 하는 웹기획자와는 내 성격이 상극일 수 있다. 하지만 일을 진행하게 되면 업체와 원활히 소통하고 차질 없이 일을 진행해왔다고 말할 수 있다. 외주 개발자가 고맙다며 선물까지 준 적도 있으니까. 하지만 그 모든 것들은 스쳐 지나가는 것일 뿐이다. 중요한 건 팀 내에서의 인정이다.

그렇게 따진다면, 나는 팀장에게 단단히 찍혔다고 볼 수 있다. 최초로 퍼블리셔가 기획자 대신 PM을 맡게 되었다. 이번 결과평가도 C를 받는 건 아닌지 걱정해야 되게 생겼다. 의욕이 안 난다. 원래도 없었지만 더욱 그렇다. 언제 퇴근할까, 시계만 들여다보고 있다. 나는 이 프로젝트를 제대로 수행할 수 있을까. 그래서 잘한다는 칭찬은 못 들어도, 적어도 이해도가 떨어진다는 비난은 받지 않게 될 수 있을까. 기분이 너무 더럽다. 이런 글이라도 쓰며 마음을 달래본다.

69. 퇴사의 계절

바야흐로 퇴사의 계절이 다가왔다. 우리 팀의 웹디자이너와 개발자가 퇴사를 하더니 다른 팀의 개발자도 퇴사를 했다. 웹사이트를 구축해주던 외주업체 기획자와 디자이너도 현업의 무리한 요구에 질려 퇴사를 하고, 1년 넘게 잘 지내고 있던 퍼블리셔 프리랜서도 퇴사한다고 한다. IT업계에 빅뱅이 일어나고 있다. N사에서 연봉을 얼마를 올려준다는 둥 몇백 명을 공개 채용한다는 둥, 거짓말 같은 소문은 바람에 날리는 먼지처럼 퍼지며 들썩이고 있다.

발단은 승진 심사 결과에서였다. 과장 승진 대상자였던 세 명의 여직원들 중 단 한 명도 승진을 하지 못했다. 몇 년을 연속해서 미끄러진 사람도 있었다. 애당초 티오가 없었다고는 하지만, 새로 들어온 대리는 과장으로 올려준 걸 보면 그렇게 설득력 있는 이유는 아니었다. 디자이너와 개발자가 발끈해서 순식간에 퇴사하고 말았다. 다른 팀의 개발자는 연봉을 높여주는 다른 대기업으로 이직했다.

이 회사의 유일한 장점이라면 안정성과 높은 근속 연수였는데, 이제 그마저도 깨지고 있다. 이 회사가 최선이라고 믿고 살아온 높으신 분들의 발등에 불이 붙었다. IT 팀원들이 나가지 않을 방안을 팀장들 차원에서 강구하라고 했단다. 단, 연봉 인상은 빼고. 하지만 아무리 복지를 좋게 해주고 칼퇴근을 시켜준다 한들, 다른 회사들처럼 연봉 올려주는 효과만 할까.

실력 있고 일할 만한 사람들은 다 퇴사하고 나처럼 절

대 나가지 않을 사람들만 남는 건 아닐까. 내 실력을 증명하려면 이쯤에서 이직을 해야 하는 건 아닐까. 직원들의 마음은 뒤숭숭하다. 나까지 싱숭생숭하다. 다른 회사로는 못 갈 것 같고, 팀이라도 옮기고 싶다. 총무팀 같은 데로 옮기면 얼마나 좋을까. 적성에 맞지 않는 일 따위, 이제는 그만둬도 되는 거 아닌가. 생각만 할 뿐이다. 나처럼 늙은 직원을 새 팀원으로 맞을 팀장이 없다는 것쯤은 알고 있으니까. 지금처럼 IT 인력들의 몸값이 치솟는 이때에 나는 IT인가, 아닌가.

월급날은 아직 멀었다.

70. CS 교육

나이가 많아서 좋은 점은 아무것도 안 해도 된다는 것이다.

오늘은 CS 교육을 들었다. 각 팀에서 차출된 직원들이 러닝룸에 앉아 교육도 듣고 서로 의견도 공유하는 자리였다. 내가 속한 조는 다섯 명이었다. 물론 내가 제일 나이가 많았다. 우리에게 맞는 CS 마인드를 어떻게 키우면 좋을지 강의를 하던 강사는 각 테이블별로 전지를 나눠주고 사업 부문에 대한 고객 여정 지도를 그려보라고 했다. 어색한 침묵이 흘렀다. 결국 제일 젊어 보이는 직원이 울며 겨자 먹기로 펜을 들었다. 개발 의뢰에서 오픈까지 가는 동안 고객의 예상 행동과 감정을 적어야 했다. 우리 조는 쭈뼛거리며 각자 의견을 내기 시작했고, 펜을 든 직원은 열심히 그것을 적었다. 나만 빼고.

직원들은 틈틈이 내 눈치를 볼 뿐, 의견을 묻지는 않는다. 내가 노골적으로 관심이 없어 보이는 표정을 짓고 있기 때문일까. 덕분에 나는 편하다. 나는 마치 생각나는 의견이라도 있는 것처럼 노트에 이런 생각을 끄적이면서 시간을 보낸다. 가끔씩 공감한다는 듯이 고개를 끄덕여주기도 한다. 사람들은 또다시 울며 겨자 먹기로 발표를 하고, 그 대가로 소소한 선물을 받기도 한다. 이제 나는 더 이상 억지 의견을 내거나 전지에 그림을 그리고 글씨를 쓰거나 발표를 하지 않아도 된다. 마치 스스로 자초한 골방 속의 늙은이가 된 것처럼.

두 시간을 꼬박 멍때렸더니 졸리고 피곤하다. 나는 교육 주최 측에서 준비한 과자와 음료수를 한아름 들고 사무실로 돌아온다. 당을 충전해야 한다. 교육은 재미없지만 이렇게라도 근무 시간이 줄어들게 되는 게 반갑다.

71. 사이트 오픈을 앞두고

알고 지내던 사람이 책을 냈다. 브런치에 글 쓴 걸 모아서 냈다고 한다. 온라인 서점에서 검색을 해보면 당당하게 입고가 되어 있다. 부럽다. 미친 듯이 부럽다.

벌써 상반기가 다 갔다. 지금껏 한 것도, 이룬 것도 없다. 일은 일대로 되지 않고, 글은 글대로 써지지 않는다. 멍하니 사무실 책상에 앉아서 장미여관의 〈퇴근하겠습니다〉나 듣고 있다. 자리를 박차고 일어나 퇴근하겠습니다, 하고 외칠 용기도, 그럴 만한 재능도 없으면서.

어제는 사이트 리뉴얼 때문에 오랜만에 야근을 했다. 이 사람들은 조증에 걸린 것 같다. 자칫하면 밤을 새울 기세다. 마흔이 넘으니 도저히 밤을 새울 수가 없다. 새벽 2시가 되자, 나는 집에서 테스트해보겠다며 슬그머니 자리에서 일어났다. 심장이 두근거린다. 설레거나 두려워서가 아니다. 야근하다 심장이 어떻게 될까 봐 겁이 난다. 사람들은 집에서 테스트하겠다는 나의 거짓말을 알고도 묵인해준다. 늙은이에 대한 최소한의 예우일까.

그래도 아침에는 7시 30분 정도에 출근했다. 공식 오픈 시간은 오전 7시. 적어도 사이트 오픈에 신경을 쓰고 있다는 시늉은 해야 한다. 팀장이 출근해서 누가 밤을 새웠고 누가 집에 갔는지를 체크한다. 사람들은 정직하다. 나는 새벽 2시에 집에 가서 아침 7시에 온 사람이 되어 있다. 그래도 30분을 앞당겨 말해줘서 고맙다. 테스트하는 척을 하며 멍한 하루를 보낸다. 점심을 안 먹었더니 손발이 차가워지고 식은땀이 난다. 마흔 살이 넘은 나는 잘 먹고 잘 자야 한다. 혈기왕성한 20대, 30대 직원들은 밤을 새우며 사이트 오픈에 목숨을 걸지만, 나에게는 내 건강이 더 중요하다. 물론 너무 티는 내지 않는다. 어쨌든 나는 월급을 받는 노동자인 것이다.

72. 내부 채용 공고

타 팀에서 내부 채용 공고가 났다. 홍보 기획 및 콘텐츠 제작, 마케팅 관련 업무이다. 전통적인 웹기획 관련 업무는 아니다. 소식지 같은 것도 만들고 SNS 홍보도 진행하는 일이란다. 관련 직무 2년 이상인 직원들 중에서 해당 팀에 지원을 할 수 있다고 했다.

신청서를 작성하는데 새삼 내 이력을 보자 한숨이 났다. 한때는 나도 잘나갔구나, 하는 생각과 함께 지금의 내 처지가 새삼 초라하게 느껴졌다. 어렸을 때 잡지사에서 객원기자를 했던 적도 있고, 웹기획뿐만 아니라 마케팅까지 같이 하던 시절도 있었다. 성격은 어떨지 몰라도 일은 잘한다는 말을 듣던 시절이었다.

지금은 어떤가. 나는 이곳을 탈출하고 싶어 몸부림을 치고 있다. 하는 일 없이 시간을 축내며, 이리저리 되든 안 되든 기웃거리며. 1인 출판이나 네이버 스마트스토어도 알아보고 있다. 말 그대로, 이대로 있다가는 죽도 밥도 안 되겠다는 위기감이다. 그러다 보니 본말이 전도됐다. 하루 종일 인터넷을 뒤지며 다른 살길을 모색하고 있다.

나는 무엇이 될 수 있을까. 다만, 여기는 아니라는 마음이 점점 커지고 있다. 새로 왔던 기획자는 임신을 해서 곧 출산휴가를 들어가게 된다. 다른 기획자는 이번에 다른 팀으로 전배가 됐다. 경력직을 구해보지만 잘 구해지지 않는다. 잘못하면 모든 일을 덤터기 쓸 판이다. 무엇보다 팀장의 변덕을 더 이상 감당할 자신이 없다. 타 팀에 몰래 지원하는 것도 그 이유가 크다.

내가 잘할 수 있을 거라는 기대감으로 채용 지원을 하는 것은 아니다. 다만 나는 이런 무기력한 상태와 어쩔 수 없는 상황을 벗어나고 싶은 것이다. 늙은 웹기획자에서 늙은 홍보 기획자로 직업이 다시 한번 변경될지라도.

그녀들은 왜 스타벅스에 가는가.

우리 팀에는 출근해서 꼭 스타벅스에서 음료를 사 오는 사람들이 있다. 정확히 말하자면 출근을 한 후 스타벅스에 가서 음료를 사 가지고 다시 사무실로 오는 사람들이다. 왜 그렇게 비효율적인 행동을 하는 것일까. 음료를 먼저 사서 사무실로 오면 되는 것 아닌가. 그건 그렇고, 돈이 얼마나 많기에 아침부터 스타벅스에서 음료를 사 가지고 오는 것일까. 똑같은 음료를 매일 비싼 돈을 주고 사 먹으면 질리지 않을까 등등. 나는 그들에게 궁금한 점이 많았다.

오늘 다른 일이 있어 일찍 회사에 오면서 느꼈다. 그들이 스타벅스에 가는 건 단순히 스타벅스 매니아라서가 아니었다는 사실을. 그들이 스타벅스에 가는 건 그저 회사에 조금이라

도 더 머물기 싫어서였던 것이다. 어쩔 수 없이 다른 일이 있어 일찍 출근은 했지만, 9시가 될 때까지 조금이라도 밖에서 시간을 보내기에 스타벅스는 최적의 장소. 그들은 기꺼이 그 십몇 분을 위해 비싼 돈을 지불하고 있었던 것이다.

오늘 아침, 평소보다 일찍 출근한 나의 발걸음은 어느새 스타벅스로 향하고 있었다. 출근 시간 전에 문을 여는 스타벅스, 항상 사람이 많아 음료를 시키면 시간이 걸리는 스타벅스, 조금이라도 사무실에 늦게 들어갈 수 있게 해주는 고마운 스타벅스……. 새로 나온 시그니처 메뉴를 먹어보았다. 음료는 달았다.

74. 채용 공고

새 기획자가 임신을 하게 됐다. 그래서 1년 출산휴가와 육아 휴직으로 자리를 비우는 그를 대체할 계약직 직원을 뽑고 있다. 나는 어쩌다 보니 우리 팀의 채용 담당까지 하게 됐다. 잡코리아에 채용 공고를 올리고 이력서를 검토한다. 정규직이 아니라서인지 지원자는 많지 않다. 어쩌다 들어오는 계약직 지원자가 나에게는 반갑기만 하다. 계약직인데도 오케이하고 지원해주니 감지덕지다. 몇 개월 뒤면 새 기획자는 출산휴가에 들어가는데, 그럼 나는 낙동강 오리알처럼 혼자 남는 신세가 될지도 모른다. 마음이 급하다. 오늘 새로 한 명이 이력서를 보내왔다. 파트장은 지원자가 이력도 괜찮고 희망연봉도 좋은데 나이가 많아서 고민이라고 했다.

지원자의 나이는 나보다 어렸다.

괜스레 씁쓸한 기분이 든다. 내가 다른 곳에 지원을 하면 어떻게 될까. 나이에서 이미 볼 것도 없이 커트라인당할지도 모른다. 실제로 내가 올린 채용 공고에는 50세가 넘는 분들도 지원을 하고 있는데, 그들은 아예 면접 보자는 말도 없다. 경력이 아무리 많고 직무 적합성이 맞아도 그렇다. 나이는 실력일까. 어쨌든 그녀에게 전화를 걸어 내일 면접을 보기로 했다. 싹싹하게 전화도 잘 받고, 성격도 좋아 보인다. 잘됐으면 좋겠다. 팀장은 이력서를 훑어보며 이직 사유가 마음에 안 든다느니 한가한 소리를 하고 있다. 어차피 1년 계약직이다. 뭘 더 바라는가. 면전에 대고 꿈 깨라는 소리를 해주고 싶다.

물론 그렇게 하지 못해서 이렇게 글이나 적고 있다. 내일이 기대된다.

75. 스끼다시 내 인생

얼마 전 지원한 내부 채용 공고에서 떨어졌다. 뭐라도 해보려고 지원한 브런치 작가 신청에서도 떨어졌다. 설상가상으로, 부서 경비로 팀원들 추석 선물 세트를 배송시켰는데 배송 사고가 났다. 왜 이렇게 뭐가 풀리지 않는 걸까. 오늘은 공모전 발표가 있는 날이다. 붙을 수 있을까. **1588-XXXX**. 합격 통보 대신 쓸데없는 전화만 걸려온다. 달빛요정역전만루홈런의 〈스끼다시 내 인생〉을 듣는다. 스끼다시 내 인생, 스포츠신문 같은 나의 노래, 언제쯤 사시미가 될 수 있을까, 스끼다시 내 인생…….

어제는 1인 출판 수업을 들었다. 부끄럽지만, 이렇게 끄적이고 있는 내 일기 같은 글을 누군가 읽어주었으면 좋겠다. 아무도 출판해주지 않으니, 나라도 해야 되지 않을까. 무슨 출판사 신고를 해야 되고 사업자등록증을 발급해야 하고, 복잡하다. 내 인생이 어디로 흘러가고 있는지 모르겠다.

문자가 왔다. 공모전 발표 소식인가. 건강검진을 하라는 회사 문자다. 오늘도 이렇게 쓸데없는 일로 전전긍긍하면서 하루를 보낼 모양이다.

오후 1시, 추석 선물 세트 택배는 사람들에게 무사히 도착했고 공모전은 또 떨어졌다.

76. 잘됐으면 좋겠다

　우리 팀에는 총 세 명의 기획자가 있었다. 시간은 쏜살같다. 그중 한 명은 다른 팀으로 전배가 되었고, 또 한 명은 두 달 뒤면 출산휴가를 들어갈 예정이다. 낙동강 오리알. 사람이 제때 뽑히지 않는다면 내가 그 신세가 될 게 뻔하다. 그래서 나는 되도록 빨리 직원이 뽑히기를 기대하고 있었다.

　지금 내 등 뒤에 있는 회의실에서는 출산휴가자를 대체할 계약직 면접을 보고 있다. 내가 간과한 게 있었다. 사람이 뽑히면 어쨌든 나보다는 직급이 낮을 것이다. 정규직이든 계약직이든 프로필상 모두 나보다 어리다. 물론 경력도 그렇다. 새로 입사한 직원이 나를 선배님, 하고 부르면서 따를 모습을 그리자 갑자기 머리가 아파온다.

　어제는 팀장과 밥을 먹었다. 팀장은 나의 역할이 중요하다고 했다. 어쨌든 내가 그들을 잘 이끌어주어야 한다면서, 나를 믿는다고 했다. 뭐 진짜 나에게 신뢰가 있어서라기보다는, 그렇게 말이라도 해서 불안감을 해소하려는 발버둥일지도 모른다. 하지만 어쨌든 나는 정신이 번쩍 들었다.

　가르칠 게 없다.

　내가 무엇을 말하겠는가. 선배로서 본이 되어야 할 텐데 나에게는 이제 그런 카리스마도 실무적 능력도 남아 있지 않다. 처음에는 나에게 기대를 걸 것이다. 선배님, 하고 따르면서 내가 그들에게 멘토로서든 연장자로서든 어떤 역할을 해주기를 바랄 것이다. 그게 안 된다면 어려운 일을 같이 나눌 수 있는 동료라도 되기를. 이대로 쭈구리 같은 모습만 계속 보이게 된다면 신뢰는 사라지고 나에 대한 의심이 싹틀 것이다. 더 나아가서는 이렇게 생각할지도 모른다. 어떻게 이 회사에 들어온 걸까. 어떻게 저 자리에 있지.

내가 어렸을 때 생각했던 상사의 그 모습 그대로 나는 늙어버린 걸까. 일을 안 하고 있는 것도 아닌데, 그렇다고 내가 그렇게 대단히 놀고먹는 것도 아닌데 괜스레 작아진다. 이것은 심리적인 요소일까, 아니면 직면해야 할 진짜 내 모습일까. 시간은 계속 지나가고 회의실에서는 아직 사람들이 나오지 않는다. 미래가 불안하다. 무섭다. 그래도 생각한다. 이번 면접은 잘 진행되기를.

홍대광의 〈잘됐으면 좋겠다〉를 듣는다.

77. 또 하나의 부품

이쯤 되면 내 인생에 있어서 뭐 하나 극적인 반전이라도 생기면 좋으련만. 뭐 별안간 능력을 인정받아 승진을 했다든지, 지금이라도 개과천선해서 실력이 향상됐다든지, 그도 아니면 진정으로 좋아하는 일을 찾아 멋지게 퇴사를 했다든지 하는. 소설에선 주인공이 시련과 변화를 겪고 결국에는 성장하지 않는가. 하지만 내가 속한 현실에서 아무것도 변하는 것은 없다. 언제나 그랬듯이 월요일에서 금요일까지 시간은 흘러가고, 답답한 조직은 그대로이며, 사람들은 여전히 정답을 찾지 못한 채로 헤매고 있다. 거기 속한 나는 맡은 일은 대충 처리하며, 최대한 사람들의 눈에 띄지 않으려고 몸을 사린다. 딱히 중요하지는 않지만 없으면 아쉬운, 회사를 지탱하는 부품이 되는 것. 쉴 새 없이 굴러가는 업무 속에서 나만은 압사당하지 않으려고 발버둥 치는 것. 그게 목적은 아닐지라도, 부품으로서의 존재 가치는 충분히 현재를 견인하는 역할을 하고 있다.

여기, 또 하나의 부품이 들어왔다. 계약직 직원이다. 나의 바람대로 그는 면접에 합격했다. 그는 성실하다. 또 친절하고 싹싹하다. 나에게 많은 것을 배우겠다고 한다. 난 가르칠 게 없는데. 아니, 내가 반면교사가 될 수는 있겠다. 저렇게는 일하지 말아야지, 하는. 아무튼 옆에 앉아 있으니 신경이 쓰인다. 일을 나눠주고 인수인계를 해야 하는데, 할 게 없다. 그의 실력이 얼마나 되는 줄 알고. 이건 다 아는 건데, 이건 너무 구린데, 속으로 나를 평가할까 봐 겁이 난다. 내가 고수한 전략은 침묵이다. 어디 한번 알아서 해보세요, 약간은 까칠하고 조금은 도도하게. 그가 말을 걸어올라치면 나는 줄행랑을 친다. 그래서 그는 바로 옆에 앉은 나보다 건너편에 앉은 디자이너들과 더 먼저 친해졌다. 아직은 신비주의 콘셉트가 먹히는 것 같다. 결국 가면은 벗겨지고 실체가 드러날지라도 지금은 이렇게 조용히 있고 싶다.

초반에 새로 들어왔던 기획자는 임신을 해서 얼마 뒤면 출산휴가를 들어간다. 발등에 불이 떨어질 예정이지만 아직은 폭풍 속의 고요를 즐기고 있다. 정규직 직원은 뽑히지 않고 있다. 우리 회사도 오랜 세월을 거치며 네임 밸류가 떨어지긴 했나 보다. 면접을 보는 족족, 합격자들은 다른 회사로 가고 만다. 회사가 원하는, 30대 중반의 경력이 많고 과장급처럼 일을 잘하는 대리는 오지 않는다. 회사도 나도 쇄신을 해야 할 때다. 있던 기획자마저 들어가고 나와 계약직 직원만 남게 된다면 그때야말로 혼돈의 태풍이 우리 팀을 덮칠 것이다. 그때 나는 바람에 휩쓸려 날아가게 될까, 꺾일 듯 말 듯한 나뭇가지를 붙잡고 그래도 위태롭게 버틸 수 있을까. 내 마음속은 뭉크의 〈절규〉처럼 혼란과 공포로 가득 차 있다. 나의 이런 마음을 아는지 모르는지, 옆에 앉은 계약직 직원은 오늘도 내가 퇴근할 때까지 쭈뼛거리며 눈치를 볼 것이다.

78. 같이 가실래요

오늘은 탕비를 사는 날이다.

옆에 앉은 계약직 직원이 심심해 보였다. 지금껏 말없이 그를 피해 다녔지만, 이번 기회에 말도 붙이고 어색한 기운을 떨치고 싶었다. 딱히 할 말이 없긴 했지만, 마트를 왔다 갔다 하며 조금이라도 정이 쌓일 수 있을 거라고 생각했다. 늙은 막내 역할을 벗어나려던 건 아니었다. 그저 마트까지 가는 길이 오늘따라 멀고도 고단해 보였을 뿐.

하지만 난 무슨 일을 시키거나 하는 데는 젬병이다. 이건 명백히 업무 외적인 일이다. 90년대생이 온다는데, 쓸데없는 일 시킨다고 화낼까 봐 겁이 났다. 하지만 그는 지금 일이 없지 않은가. 그렇다, 일도 제대로 못 시키고 며칠이 지나갔다. 이건 그에게 말도 트고 앞으로 일도 시킬 수 있는 절호의 기회다. 탕비 사러 갈 건데 같이 가실래요, 탕비 사러 갈 건데 같이 가실래요. 마음속으로 수없이 연습했지만 입으로 튀어나온 말은 달랐다.

"탕비 사러 갈 건데 뭐 필요한 거 없으세요."

그러자 그가 눈을 끔벅끔벅하더니 대답한다.

"물티슈 좀 사다 주세요."

센스 있게 같이 가자고 할 줄 알았다. 역시 90년대생은 다르다. 아니면 신사도라는 게 없나. 종이컵이며 커피며 낑낑대며 들고 올 내 모습이 상상되지 않는 건가. 아니면 내 일은 내 일, 네 일은 네 일, 이렇게 벌써부터 거리를 두는 건가. 온갖 생각이 다 든다. 아니다, 이 모든 게 내 잘못이다. 왜 나는 패기 있게 같이 가자는 말을 하지 못했는가. 나이도 열 살이나 많으면서.

울고 싶다. 종이컵 박스를 들고 일부러 더 낑낑대보지만, 그는 자기 자리에 앉아 고개를 돌리지 않는다. 마치 일부러 나를 보지 않는 듯하다. 고집스럽게 모니터만을 바라보고 있는 그의 옆을, 종이컵 박스를 들고 스쳐 지나간다. 그렇다고 그에게 맺힌 것은 없다. 새삼 늙었다는 사실이 서러울 뿐. 언젠가는 용기를 내볼 수 있을까. 이것 좀 해주세요, 저것 좀 해주세요, 업무 지시도 내리고 같이 일도 하고 동료애도 키울 수 있을까. 아직은 요원하기만 하다.

79. 그땐 그랬지

나는 어떻게 웹기획자가 되었나.

스물세 살, 나는 지방에서 서울로 상경했다. 채용 사이트를 보고 별 생각 없이 지원한 것이 그만 덜컥, 합격을 했다. 내가 배치된 곳은 웹기획팀. 신생 회사였고 **IT** 전문 기업이 아니었기 때문에 사장도 나도, 웹기획이 뭐 하는 건지 잘 몰랐다. 그냥 그렇게 이름 지어진 팀이 생겼고 나는 그 팀에 배치되었다. 당시 내가 그 회사에서 제일 어렸기 때문이다. 어리니까 아이디어도 풍부하고 뭐든 빨리 배울 수 있을 거라고 사장은 생각했던 것 같다. 사수는 한 명. 물론 그 사람도 자기가 무슨 일을 하는지 몰랐다. 기획을 해오라고 해서 해 갔는데 사장의 얼굴이 붉으락푸르락해졌다. **PPT**도 다루지 못해서 워드 파일에 글자만 가득한 기획안이었다. 다시 해오라고 해서 해 갔는데 사장이 이제 됐다며 고개를 끄덕였다. 그게 절망과 체념에서 나온 마지못한 끄덕임이라는 걸, 그때의 나는 알지 못했다. 물론 내 기획안은 실현되지 않았고 그 문서는 사장의 책상에서 자취를 감췄다.

　나는 아무것도 아는 게 없었다. 극심한 내향형이라 통통 튀는 막내가 되지도 못했다. 점심식사 때 식탁에 숟가락 젓가락을 놓을 줄도 몰랐다. 개념 없는 신입의 표본이었다. 아침 일찍 출근하는 성실형도 아니었다. 사장은 틈만 나면 나를 자르려고 했지만 나는 그마저도 눈치채지 못했다. 나는 팀 이름과는 무관하게 온갖 잡일을 하며 회사를 다녔다. 그게 기획인지 마케팅인지 영업인지 고객 응대인지도 알지 못한 채로. 나는 회사를 다니면서 공부를 해야 한다는 생각을 전혀 하지 못했다. 공부는 공부, 일은 일이라고 생각했다. 그 회사는 오래가지 못했다. 나는 권고사직을 당했고, 얼마 지나지 않아 회사도 폐업 처리됐다.

그때쯤에는 웹기획이 떠오르는 직업 분야로 한창 각광을 받고 있었다. 나는 그래도 웹기획팀에 있었으니 쉽게 재취업을 할 수 있을 거라고 생각했다. 그때는 '웹2.0'이라는 말이 유행이었던 것 같다. 면접을 가는 회사마다 그것에 대해 물어봤다. 나는 1.0과 2.0의 특징이 무엇인지 설명하지 못했다. 이전 회사에서 무슨 일을 해봤냐는 말에 내가 했던 일들을 설명했다. 면접관들은 이전 회사의 사장처럼 고개를 끄덕였다. 1년 남짓한 나의 경력을 인정하고 채용해주는 회사는 없었다. 나는 점점 가난해졌다. 집에 쌀도 떨어졌다.

일을 하려면 공부를 해야 하는구나! 나는 뒤늦게 뭔가를 깨달은 사람처럼 직업전문학교에 가서 웹마스터 과정을 배웠다. 6개월 동안 아침 9시부터 저녁 6시까지 수업을 들었다. HTML을 배웠고 포토샵과 드림위버를 배웠고 ASP 개발 언어를 배웠다. 홈페이지를 직접 만들고 계획을 발표해야 한다고 해서, 그때 처음으로 발표 자료와 스토리보드를 작성했다. 배우는 기쁨이 있었다. IT분야에 있어서 까막눈이었던 내가 천지개벽을 보게 된 것이다. 나는 조금씩 성장했다. 직업전문학교를 마치고 회사에 드디어 재취업했다. 디자이너와 개발자의 말을 알아들을 수 있었다. 회의 시간에 사장이 웃으며 고개를 끄덕였다. 내 기획안이 실현되었다. 나는 스물여섯 살이라는 어린 나이에 최연소 대리로 승진했다. 인생의 꽃봉오리가 터진 듯했고, 이제 활짝 피어 햇빛을 받는 일만 남았다고 생각했다.

그때를 되새겨보니 내 입가에도 희미한 미소가 지어진다. 그래, 그랬던 날도 있었지. 나는 천천히 고개를 끄덕인다.

80. 애증의 이름, 구글 애널리틱스

구글 애널리틱스라는 게 있다. 네이버에서 뜻을 검색해보니, 효과적인 마케팅 측정을 위해 만들어진 애널리틱스 플랫폼이라고 한다. 요즘 마케터들 사이에서 한창 핫한 플랫폼이다. GA코드라는 걸 웹사이트에 심어서 사람들이 이 사이트에 얼마나 방문했는지, 어느 페이지를 많이 가는지, 이탈율은 어떻게 되는지, 결제는 어떻게 이루어지는지 등을 측정하는 툴이라고 보면 될 것 같다. 이렇게만 들으면 굉장히 유용하고 도움이 될 것 같지만, 실상 내 입장에서는 그렇지 않다. 내가 지금 이 회사의 구글 애널리틱스 관리 담당이기 때문이다. 원래 담당자가 있었는데 그 사람이 다른 팀으로 가버렸다. 또 다른 기획자는 출산휴가를 들어갔고. 그래서 어쩔 수 없이 울며 겨자 먹기로 내가 이 회사의 모든 웹사이트 구글 애널리틱스를 담당하게 되었다.

내가 하는 일은 다음과 같다. 구글 애널리틱스 관리 페이지에서 GA코드를 생성한다. 개발자에게 효과를 측정하고자 하는 웹페이지에 이 코드를 심어달라고 요청한다. 코드가 잘 심어졌는지를 확인하고 구글 애널리틱스 홈에 들어와서 효과를 분석한다. 솔직히 말하자면, 구글은 왜 이런 걸 만들었는지 모르겠다. 만들려면 보기 편하고 쉽게나 만들 것이지, 도대체가 헷갈리는 것투성이다. 언어는 또 영문 번역투로 되어 있어서 무슨 말인지 이해하기가 쉽지 않다. 실시간이 뭐고 잠재고객이 뭐고 획득이 뭐고 행동은 또 뭐란 말인가. 여기에 더해 태그 매니저라는 것도 있다. 데이터를 이전보다 편하게 관리하고 사이트 분석, 전환 수 등의 정보를 더욱 정확히 파악할 수 있다는데, 무슨 소린지도 모르겠고 왜 만들었는지도 모르겠다.

이런 구글 애널리틱스 활용을 위한 교육도 많다는데 나는 정식으로 교육을 받아본 적이 없다. 돈이 아까워서다. 어느 날은 파트장이 나 보고 GA자격증을 따보라고 했다. 그래서 내가 교육센터에서 운영하는 유료 사외교육 주소를 보내주었더니 더 이상 말이 없었다. 회사 돈으로 말고 내 돈으로

들으라는 소리다. 내가 불편해서라도 교육을 들어야 한다는
건 알지만, 퇴근 후 시간을 빼앗겨가며 몇십만 원이나 하는
금액의 수업을 듣기는 망설여진다.

어느 날은 사전 프로모션 페이지를 오픈했는데 GA코드
가 심겨 있는 것 같지 않다며 현업에서 연락이 왔다. 구글 애
널리틱스에서 내용을 확인했는데 해당 사이트 주소가 기본
url로 설정되어 있었다. 그런데 아무리 웹사이트에 접속해
도 사용자 수가 올라가지 않았다. 이상하다, 생각하며 개발
자에게 말을 했다. 개발자는 사이트 주소는 같지만 소스가
다르므로 다른 거라고 했다. 그게 무슨 소리지? 개발자는 한
숨을 쉬며 반영하겠다고 했다. 나중에 알고 보니 해당 사이
트는 같은 웹사이트 주소를 클릭했을 때 두 가지 버전이 보
여지게 되어 있었다. 사이트 오픈 이전에 보여지는 사전 프
로모션 페이지와, 프로모션이 끝나고 정식 오픈했을 때 보
여지는 메인 페이지가 그것이다. GA코드를 메인 페이지에만
넣고 사전 프로모션 페이지에 넣지 않았던 것이다.

이건 누구의 문제일까. 사전 프로모션 페이지에도 GA코
드를 삽입해달라고 요청하지 않은 현업 잘못? 같은 주소니
까 당연히 반영돼 있겠지, 생각하고 방치한 나의 잘못? 요청
이 없었으므로 반영하지 않은 개발자의 잘못? 확실한 것은,
여기서 내 입장이 가장 궁색하다는 거다. 내가 좀더 알았다

면 이런 일은 발생하지 않았을지 모른다. 한심하다는 듯 말하던 개발자의 목소리가 잊혀지지 않는다. 나도 이런 내가 싫다. 어이없는 실수다. 하지만 그래서, GA교육을 드디어 받겠느냐고 묻는다면……. 교육은 며칠 남지 않았는데, 내 마음은 아직도 오락가락이다.

구글 애널리틱스, 이 애증의 녀석.

81. 조직 개편

여러 번의 조직 개편을 전전한 끝에 현재 우리 팀은 기획자, 디자이너, 개발자 들로 이루어져 있는 상태다. 희한한 조합이다. 대부분은 직군에 따라 팀이 나눠져 있는데. 때문에 팀이 상대적으로 비대하고 팀장의 권한이 막강하다. 팀장은 개발자 출신이다. 따라서 개발자가 아닌 나머지 직군의 처지를 조금은 짐작할 수 있을 것이다. 이해 충돌이 생겨도 속으로만 끙끙 앓을 뿐 밖으로 표출하기가 힘들다. 개발자가 툴툴거려도 싸울 수가 없다. 물론 나는 그중에서도 먹이사슬의 최하층에 위치하고 있지만.

기획자와 디자이너, 개발자는 일반적으로 사이가 좋지 않다. 하는 일이 다르고 생각하는 지점이 다르다 보니 절대

융화될 수가 없다. 그런 사람들을 한 팀으로 합쳐놨으니 서로의 관계는 물과 기름처럼 둥둥 뜨게 마련이다. 성비도 그렇다. 팀에서 개발자들은 남자들이 절대적으로 많고, 디자이너들은 대부분이 여자들이다. 그러니 대화를 나눌 접점도 없고, 회식에 가서도 끼리끼리 앉아 각자 얘기하기에 바쁘다.

　　이런 고충을 윗선에서 인식한 것일까? 다행히 이번에 조직 개편이 된다는 공문이 내려왔다. 각 팀에 흩어져 있던 디자이너들이 합쳐져 통합된 팀으로 운영된다고. 그렇게 되면 디자이너들의 입지도 조금은 올라가게 되고 일하기도 한결 수월해지게 될 것이다. 우리 팀의 디자이너들은 환호성을 질렀다. 압제에서 해방되어 독립 국가를 세워나가는 레지스탕스처럼. 하지만 기획자는 남는다고 한다. 기획자라고 해봤자 이번에 출산휴가 들어간 기획자와 나, 그리고 계약직 한 명밖에 없는데.

　　떨거지들은 남기고 간다는 뜻일까? 어쩌면 나는 낙동강 오리알이 될지도 모른다. 팀장은 화가 나 있다. 자기 팀의 규모가 쪼그라드니 기분이 좋지 않겠지. 그래서 얼마 안 되는 기획자를 인질로 잡고 무너져가는 팀을 조금이라도 살리고자 할지도 모른다. 그렇지만 나는 어쩌란 말인가. 수염 성성한 남직원들 사이에서 꽃이 될 것도 아니고, 팀장의 충실

한 오른팔이 되어 천하를 호령할 것도 아닌데. 나도 떠나고 싶다. 변덕스럽고 툭하면 반말에 화를 내는 팀장을 떠나, 맨날 기획이 틀렸다고 나를 원망하는 개발자들을 떠나, 훨훨 자유롭게 날아가고 싶다.

시간이 흐르는 게 두렵다. 벌써부터 개편되는 자리배치도가 직원들 사이에서 돌아다니고 있다. 올해 운수가 왜 이런 것인가. 빨리 뭐라도 돼서 여기를 탈출해야 할 텐데, 점점 수렁으로 빠져들어가는 것 같다. 뭉크의 〈절규〉에 내 얼굴을 합성하면 지금의 내 심정을 나타낼 수 있을까. 디자이너들의 얼굴에는 웃음꽃이 피는데. 바야흐로 겨울이다. 계절도, 내 마음도.

82. 누구나 가슴속에 사직서 한 장쯤은 있잖아요

누군가가 죽었다. 누군가가 죽어서 뉴스에 나왔다. 디자이너였는데 살인적인 업무 강도로 과로에 시달리다 못해 자살을 했다고 한다. 기사에 달린 댓글 중에서 하나가 눈에 들어왔다.

'사표를 썼다면 죽지 않았을 텐데.'

그렇다. 이까짓 직장, 그만두고 나면 아무것도 아닌데,

여기 말고 다른 데 못 갈 것도 없는데, 이거 아니라도 어떻게든 먹고살아질 텐데, 나는, 우리는, 왜 사표를 쓰지 않고 있는 것일까. 왜 죽을 정도로 괴로워하면서 회사를 다니고 있는 걸까.

교통사고가 나서 회사를 쉴 수 있다면, 하고 생각할 때가 있었다. 사무실에서 일하다가 쓰러져서 병원에 실려가는 상상을 한 적도 있다. 이건 일을 잘하고 못하고, 일을 열심히 하고 안 하고의 문제가 아니다. 그냥 회사는, 그런 곳이다. 그렇게까지 해서라도 다니기 싫은, 하지만 월급은 따박따박 받고 싶은 그 무엇.

가슴속에 사직서를 품지 않고 다니는 직장인은 없을 것이다. 누구나 그렇게 산다. 누구나 그렇게 살면서 누군가는 병이 나고, 누군가는 죽고, 누군가는 버려진다. 그렇게 살지 않을 수도 있는데, 다르게 살 수도 있을 텐데, 알면서도 회사를 다닌다. 매일 아침 눈을 뜨고 아침을 대충 때우고, 지옥철에 시달려가며 회사에 간다. 아침부터 저녁까지 한곳에 앉아 있다가 지친 몸을 이끌고 퇴근길에 오른다.

나는 사표를 쓰고 싶은 것일까. 모르겠다. 오래오래 다니고 싶지만, 또 화끈하게 때려치우고 싶기도 하다. 일만 하라는 회사의 명령에 반항해, 그래도 꾸역꾸역 무언가를 하면서 살고 있다. 그러면서 언젠가는 내 삶이 바뀌기를 기대한다. 누군가는 주식을 하고, 누군가는 비트코인을, 또 다른 누군가는 유튜브를, 그렇게 어떻게든 찾아 헤매고 있다. 회사를 떠나서 먹고살 만한 그 무언가를.

83. 희망퇴직

희망퇴직을 신청할 수 있는 시기가 점점 다가오고 있다. 어떤 은행은 80년생부터 희망퇴직을 받는다고 한다. 특별퇴직금으로 7억가량을 챙겨준다는 데도 있다. 그런 곳은 신청자가 미어터지겠지. 우리 회사는 짠돌이라 돈을 많이 주지 않는다. 회사를 나가나 안 나가나 그게 그거다. 그게 그거면 회사에 붙어 있는 게 나을 수도 있지만, 문제는 눈치다. 이 눈치를 견디는 것이 회사 생활의 관건이다. 사람들은 이 친구는 나가야 해, 저 친구는 잘라야 해, 말들이 많다. 자기 회사도 아니면서, 어차피 몇 년 뒤에 자기들도 어떻게 될지 알 수 없으면서, 직원들의 목숨을 쥔 인사권자처럼 군다. 기본적으로 인간이란 남이 편한 꼴을 못 보는 것일까.

드라마 〈나의 아저씨〉를 봤다. 주요 내용은 아저씨와 '나'의 관계와 성장이라고 할 수 있겠지만, 내가 주목한 건 다른 이야기였다. 이 드라마는 한 대기업을 배경으로 하고 있는데, 회사 내에서 대표 자리를 지키기 위한, 눈엣가시 같은 직원을 잘라내기 위한, 또 그에 맞서 싸우는 직장인들의 암투가 그려져 있었다. 누구는 바람을 피우고, 누구는 사람을 자르기 위해 온갖 나쁜 짓을 하다 걸리고, 누구는 과거가 들통나서 직장인들의 입방아에 오른다. 이 회사의 직원들은 일을 하기는 하는 건지, 무슨 일만 났다 하면 고개를 빼들고 상황 파악을 하고 말을 섞기에 바쁘다.

그런데 신기한 것은, 그럼에도 불구하고 그들이 꾸역꾸역 회사를 나간다는 사실이다. 저 정도면 그만둘 텐데, 하는 상황에도 그만두지 않고, 심지어 며칠 후면 잘릴 것을 잘 알면서도 끝까지 출근을 한다. 대단하다, 직장인. 이 드라마는 그런 면에서 리얼리티를 담고 있다고 말할 수 있을 것이다.

지금도 그렇지만, 사실 나도 옛날에 그랬던 적이 있었다. 다니던 직장에서 권고사직을 받았을 때, 나는 본부장 앞에서 절대 못 그만둔다고 울었다. 너무 울어서 콧물이 나왔다. 창피한 줄도 몰랐다.

그때는 그 회사에서 잘리면 나의 미래가 없는 줄 알았다. 백수가 된다는 사실이 너무나 막막했다. 당장 낼 월세가 부담스러웠고, 직장 퇴직금을 담보로 받은 대출이 나를 옥죄었다. 내가 다시 회사를 다닐 수 있을까. 여기보다 더 나은 직장이 있을까. 방황도 하고 세상을 비관하기도 했다. 그래도 시간이 흘러 나는 다시 회사를 다니게 되었다. 회사도 다니고 연봉도 오르고 상사의 신임도 얻었다. 그 직장을 그만둬도 아무렇지도 않게 되었다. 하늘은 푸르렀고 세상은 잘 돌아갔다.

그때는 내가 어렸기 때문일까. 지금도 나는 그런 마음인 걸까. 이 회사를 나가면 끝장인 거라고, 그렇게 생각하는 걸까. 어쩌면 생각보다 아무렇지 않을지도 모르는데. 이런 직장 따위, 진작에 그만뒀어도 괜찮을 텐데. 하나의 문을 닫으면, 또 다른 세계의 문이 열릴지도 모르는데. 그럴 텐데. 그런데도 나는 꾸역꾸역 회사를 다니고, 나를 혼내는 상사에게 굽실거리고, 화장실에서 몰래 울음을 삼킨다. 아직 나는 다 크지 않았는지도 모른다.

인터넷에 '희망퇴직' 단어를 검색하고 있다가 계약직 직원에게 걸렸다. 꼭 딴짓할 때만 말을 걸어온다. 아니, 딴짓을 하고 있기 때문에 말을 거는 것일까. 아무튼 민망하다. 조용히 인터넷 창을 닫는다. 아무렇지 않은 척, 질문에 대답을 해준다. 오늘도 아침부터 잠이 온다.

84. 희망가

가수 정동원이 TU 프로그램에 나와서 생애 최초 주식에 도전한다고 한다. 나는 주식도 하지 않는데. 열세 살에 〈미스터트롯〉을 통해 데뷔한 그는, 무럭무럭 자라 방송가를 종횡무진하는 만능 엔터테이너가 되었다. 초롱초롱한 눈으로 〈보릿고개〉를 부르던 어린 정동원. 그가 '경제 삐약이'로 활동하는 모습을 보게 되니 흐뭇해진다. 며칠 전에는 세종문화회관에서 열린 정동원 콘서트를 보러 갔다. 무대 위에 선 멋진 모습을 보니 기쁘면서도 묘한 기분이 들었다.

너는 모든 것을 가졌구나. 열여섯의 나이에.

굳이 내 나이는 잊기로 했다. 콘서트에서 정동원이 〈희망가〉를 부르는데 주책맞게 눈물이 났다. 이 풍진 세상을 만났으니 너의 희망이 무엇이냐~ 부귀와 영화를 누렸으면 희

망이 족할까~. 가사가 왜 이렇게 가슴에 콕콕 박히는지 모를
일이다. 모든 걸 다 잃어도 희망이 있으면 괜찮다는 뜻일까.
희망은 참 잔인한 단어다. 부귀와 영화를 누리고 싶다. 희망
인지 나발인지 있어야 되는지 없어도 되는지 잘 모르겠고,
나도 건물 한 채 올리고 싶다. 여유자금으로 주식도 하고 부
동산도 하고, 굳이 이 회사 아니어도 아쉬울 거 없게, 회사는
심심해서 취미로 다니고 싶다. 나도 정동원처럼 경제 삐약
이, 아니 경제 장닭이 되고 싶다. 내가 세운 건물 옥상에 올
라 뿌듯한 얼굴로 꼬끼오~, 하고 울어보고 싶다.

85. 노력과 재능

요즘 〈싱어게인 2〉를 재미있게 보고 있다. 세상에는 노래를 잘하는 사람들이 참 많다. 그들이 부르는 노래를 듣다 보면 나도 감동을 받게 된다. 그런데 이런 의문이 들기도 한다. 음악에는 노력이 중요한 걸까, 재능이 중요한 걸까. 첫 소절에서부터 마음을 사로잡아버린 참가자가 있는가 하면, 경연을 거듭할 때마다 피나는 연습으로 실력이 향상되는 참가자도 있다. 나는 소파에 누워 팝콘에 맥주를 먹으며 이렇게 생각한다. 노력이 재능을 이길 수 있을까.

나는 어떤 쪽이냐면, 주어진 한계를 극복하고 성실한 노력으로 경지에 오른 쪽에 점수를 줘야지 하면서도, 아무래도 타고난 음색에 끌리는 편이다. 음색이 독특해서 목소리 자체만으로도 등줄기가 짜릿해지는 느낌을 주는 쪽. 꼭 고음을 내지르지 않아도 된다. 그냥 나지막이 내뱉는 소절만으로도 눈에서 눈물을 이끌어낼 수 있는 쪽을 선호한다. 영화를 봐도 그렇다. 이런 건 나도 만들겠다고 생각하는 영화가 있는 반면, 천재가 만든 거라며 감탄하게 만드는 작품도 있다.

나는 천재가 아니기 때문에 평범한 사람들의 노력하는 모습을 더 좋아하는 게 맞을 텐데, 그래도 타고난 재능이 있는 편이 좋은 건 무슨 심리일까. 이런 게 대리만족이라는 걸까. 정작 나는 영원히 그곳에 닿지 못한다 해도, 실력이 있는 누군가가 성공이라는 도착점에 가볍게 터치하는 모습을 보는 게 좋은 걸지도 모른다. 그러면서도 내가 속한 세계는 노력이 재능보다 우선하기를 바란다. 아이러니다. 기획이라는 게 노력으로 극복될 수 있는 것이면 좋을 것 같고, 이렇게 글을 끄적거리는 것도 점점 발전해서 좋은 결과를 냈으면 좋겠다.

가능성. 그게 나에게는 해당되는 일이면 좋겠다. 노력의 도움을 받아, 저 위의 별처럼 떠 있는 성공에 내 손바닥을 닿을 수 있게 하면 좋겠다. 그러면 나는 성공한 내 모습을 뽐내며 사람들에게 떠들고 다닐지도 모른다. 역시 노력은 배신하지 않는다고. 하지만 사람들은 그런 나의 모습을 보며 이렇게 생각할지도 모른다. 그래도 노력보다는 재능이 좋다고.

86. 남는 시간에 뭐라도 하는 사람들

나는 주식을 하지 않는다. 부동산도 하지 않는다. 돈 될 만한 다른 투자도 하지 않는다. 내가 투자를 하지 않는 건,

첫째로 돈이 없어서고, 둘째로 귀찮기 때문이다. 물론 이 두 가지만으로 이유는 충분히 되겠지만, 남은 한 가지 이유가 있다면, 그건 내게 쓰라린 경험이 있기 때문이다.

한창 펀드 열기가 불 때였다. 나는 간도 크게 전세금을 빼서 중국 펀드에 투자를 했다. 적립식 펀드였는데, 목돈이 있다면 추가로 돈을 넣을 수 있는 구조였다. 펀드는 수익률이 좋아서 +15%까지 올라 있었다. 며칠만 잠깐 넣었다 빼려고 했다. 이사 시즌이었고, 전세금을 받아서 다른 집으로 보내기까지 시간이 살짝 비었다. 이 한 번의 투자로 남들처럼 목돈을 쥐어보리라, 결심했다. 호기롭게 돈을 넣으며 고점으로 가즈아~! 외쳤다.

열흘 만에 펀드로 300만 원을 잃었다. 나의 욕심이 화를 부르고 말았다. 돈이 빠지는 속도는 무시무시했다. 눈 떠보면 어제보다 더 마이너스를 찍고 있었다. 가슴이 두근거려서 잠을 잘 수가 없었다. 억울해서 눈물까지 나려고 했다. 돈 좀 벌어보려고 했을 뿐인데, 남들은 주식이니 비트코인이니 경매니 해서 몇 억을 벌었다는데, 왜 나만 이렇게 뭐가 풀리지 않는단 말인가. 설상가상으로 전세금 납입 날짜가 다가왔다. 이러다가는 이사도 못 갈 판이었다. 눈물을 머금고 손절했다. 내가 돈을 빼자마자 펀드는 순식간에 오르기 시작해서 다시 +15%를 찍었다. 내 손에 남은 건 아무것도 없었다.

한동안 충격에서 벗어나지 못했다. 투자에는 '존버 정신'이 필요하다는데, 사람들 말대로 존버했다면 내 펀드는 수익을 낼 수 있었을 것이다. 하지만 내게는 존버할 '여유'가 없었다. 그건 내 전세금이었고, 나는 이사를 가야 했고, 그 돈이 없으면 빈털터리가 되는 거였다. 차라리 사치를 했다면. 나는 땅을 쳤다. 그 돈으로 명품백을 살 수도 있었을 텐데. 내가 맨날 노래 부르는 버버리코트를 사 입을 수도 있었을 텐데.

그리고 생각했다.

이걸로 뭐라도 했다면.

남들 다 한다고 우르르 따라가기보다, 그 시간에 다른 걸 했으면 내 인생은 달라질 수도 있었을 텐데. '애플'을 창업한 스티브 잡스가 떠올랐고, 〈해리포터 시리즈〉의 저자 조앤 롤링이 떠올랐다. 남는 시간에 뭐라도 한 사람들. 시간이 없으면 만들어서라도 뭔가를 한 사람들. 그래서 나는 책을 만들기로 결심했다. 컴퓨터 앞에 앉아 들쭉날쭉한 그래프만 들여다보는 것보다는, 그게 내 적성에 맞겠다 싶었다. 물론 나는 웹기획자라서, 책 같은 걸 만들어본 적은 없지만.

이걸로 내 인생이 달라질지 안 달라질지는 아무도 모른다. 어쩌면 돈을 벌 수도 있고, 어쩌면 또 한 번의 쓰라린 경험을 하게 될지도 모른다. 하지만 적어도 책 한 권은 탄생할 것이다. 그래도 무언가는 남는다. 비어 있는 내 손에 뭐라도 쥘 수 있다. 눈으로 봐도 현실감이 하나도 없는 수치가 아니라, 눈으로 보고 만질 수 있는 무언가를. 서점에 내 책이 깔리고, 지나치는 많은 사람들 중 누군가 한 명은 내 책을 볼지도 모른다. 그 한 명의 독자. 그렇게 입에서 입으로, 드러내 놓고 보긴 뭐하지만 그래도 궁금해서 한 번은 찾아 읽게 되는 책으로 릴레이하듯 건네지다 보면, 그땐 정말 뭔가가 바뀔지도 모른다. 그렇다. 이번에야말로 존버 정신이 필요한 것이다.

87. 나는 어디로 흘러가고 있는가

디자이너들의 얼굴에 웃음꽃이 피었다. 내 얼굴에는 무엇이 피었나. 이제 다음 주면 그들은 다른 팀으로 이동한다. 며칠 뒤면 헤어질 운명이라는 걸 알면서도 실감이 나지 않는다. 아직도 꿈속에 있는 듯하다.

어제는 미팅을 하자고 해서 회의실에 들어갔다. 개발 파트장과 우리 파트장(아직까지는), 팀장이 모였다. 팀장은 바뀐 업무 롤이라며 한 장짜리 문서를 내밀었다. 팀이 바뀐

후 공통 업무를 해야 할 경우를 대비해 서로의 역할을 정의한 문서였다. 이 문서는 누구를 닦달해 만들었을까, 생각하며 나는 습관적으로 고개를 끄덕이며 맞장구도 치면서 리액션을 했다. 사람이 몇 명 없으니 주특기인 딴짓을 할 수가 없다. 팀장은 나의 역할을 강조하며 앞으로 열심히 하라고 한다. 배울 것도 많고 할 것도 많을 것이라며. 파트장들 또한 일이 많아져서 힘들겠다는 형식적인 걱정 뒤에 시스템에 대해 더 공부를 해야 할 것 같다고 쓴소리를 한다. 어쩌라고. 기분이 좋지 않다.

이제 더더욱 주도적으로 일을 해야 한다는 부담감 때문일까. 꿈에서까지 팀장, 파트장이 나와서 미팅을 해야 한다고 나를 갈궜다. 피곤한 몸을 이끌고 출근해 충혈된 눈으로 모니터를 노려보고 있는데, 개발자가 오더니 프로젝트 추가 개발 건이 있다고 회의에 같이 참석하자고 한다. 어안이 벙벙했다. 생전 나에게 말을 걸지 않던 개발자인데. 원래는 디자인 파트장한테 직접 말을 했던 것이다. 파트장은 분개한다. 나는 앞으로 피곤할 일만 남았구나, 생각한다.

회의 자료도 없이, 미팅 시간을 기다리며 이 글을 쓴다. 이제 나는 어디로 흘러가는 것일까. 다른 사람들은 커다란 바다를 만나 자유롭게 흘러가는데, 나는 아직도 개울물에서 허우적대고 있는 것만 같다. 바다에 가고 싶다.

88. 책 600부를 팔 수 있을까

내가 책을 써서 낸다면 얼마나 벌 수 있을까. 엑셀로 표를 만들고 손익 시뮬레이션을 돌려보았다. 제작비와 공급가, 마케팅비 같은 항목을 넣고 함수까지 써가며 계산했다. 그렇다. 나는 웹기획자니까 괜스레 이런 것만 하고 있다. 정작 글은 쓰지도 않으면서.

내가 계산을 잘못한 것일까. 시뮬레이션을 이리 돌리고 저리 돌려도, 심지어 제작비를 줄여도 수익은 계속 마이너스다. 600부를 팔아야 수익이 겨우 0%가 된다.

600부를 어떻게 팔아!

얼마 안 되는 지인과 친척을 다 동원해도, 심지어 밖에 나가서 지나가는 사람들 붙잡고 사달라고 애원해도 엄두가 나지 않는다. 투자는 원래 이렇게 마이너스를 전제하고 시작하는 것일까. 시작도 하기 전에 한숨부터 나온다.

하지만 하지 않을 도리가 없지 않은가. 연기처럼 사라져버린 펀드 투자금 300만 원을 생각한다. 아깝게 날린 투자금을 회수하고, 나도 투잡하는 직장인이 되어보고 싶다.

가만, 책을 팔아서 300만 원을 벌려면 도대체 얼마를 팔아야 하지?

죽이 되든 밥이 되든 일단 시작을 해보자.

89. 진실은 리스크가 크니까

또 새로운 한 해가 밝았다. 한 해가 밝으면 팀 KPI를 작성해야 한다. KPI가 뭔고 하니, 우리말로는 '핵심성과지표'라고 하는데, 올해는 어떤 일을 해서 어떻게 성과를 올리겠다고 목표를 설정하는 것을 말한다. 그리고 연말이 되면 설정한 KPI대로 결과가 제대로 나왔는지, 목표를 초과했는지 아니면 미달하는지, 그 성과를 측정하고 그에 따른 보상을 지급하게 된다. 성과급과 직결되는 문제이기 때문에, KPI를 설정하고 결과를 리뷰하는 건 팀 내에서 매우 중요한 일이다.

나는 몇 년째 KPI 작성을 담당하고 있다. 중요한 일이라고는 하지만, 그것은 내 업무가 되었다. 특별히 기획력이 필요한 일이 아니고 행정적인 업무에 가깝기 때문이다. 담당자들에게서 이것저것 자료를 취합하고, 윗선에 문서를 보고하고, 수정사항이 오면 수정하고, 왔다 갔다 핑퐁을 여러 번하고 나면 비로소 KPI가 정해지게 된다.

올해도 동일하게 KPI를 작성하고 승인을 기다리고 있는데, 팀장이 나를 부른다. 부리나케 달려간다. 팀장은 작년 KPI 문서를 열어 보인다. 그리고 지시한다. 작년 KPI를 OOO 기획자가 작성한 것 같은데, 이 문서가 괜찮으니 올해 KPI 문서도 이 양식에 맞추라고.

그것은 내가 만든 문서였다.

팀장은 이 문서를, 출산휴가를 들어간 기획자가 작성한 것으로 착각한 것이었다. 이거야말로 원효대사의 해골물이 아닌가. 해골에 담긴 썩은 물을 생수인 줄 알고 마셨던 원효대사는 다음 날 실체를 알게 되고 큰 깨달음을 얻었다. 그렇다면 팀장도 진실을 알게 되면 깨달음을 얻을 수 있을까. 지금까지 나를 구박하던 것에서 벗어나 미안하다고, 잘했다고 구부러진 내 등을 토닥여줄까.

나는 알았다고 대답한다.

진실은 리스크가 크다. 팀장은 일을 제대로 했다며 나를 새롭게 볼 수도 있지만, 눈치껏 넘어가지 않고 자신을 망신시켰다며 고깝게 볼 수도 있다. 몇 년간 살펴본 바에 따르면 후자일 가능성이 크다. 나는 입을 다문다. 진실을 은폐함으로써, 그 문서는 이제 다른 기획자가 작성한 문서가 된다. 나는 다시 무능하고 늙은 기획자로 남는다.

하지만 KPI가 다 무슨 소용이란 말인가. 내가 작성한 것이든, 다른 누가 작성한 것이든, 묻지도 따지지도 않고 회사는 알아서 굴러갈 텐데. 이거 내가 썼다고 해서 내 이미지가 높아지지 않고, 남이 썼다고 해서 더 이상 깎일 이미지도 없는 것을. 깨달음은 나 혼자로 족하다. 어차피 이런 에피소드도 다 지나갈 것이다. 절에 가서 108배라도 드려볼까.

90. 정동원이 이 글을 읽지 않았으면

감기는 눈꺼풀을 다잡으며 책상에 앉아, 빈 기획서를 들여다보고 있다. 워드프로세서의 빈칸에 커서가 깜박인다. 기획 배경과 목적.

'팀장님이 시켜서 한 건데요.'

이렇게 쓸 수는 없다. 어쨌든 그럴듯한 이유를 만들어 내야 한다. 이유를 만들려면 시장조사를 해야 하고, 모범이 될 만한 웹사이트 벤치마킹을 해야 한다. 최신 트렌드가 무엇인지 파악해야 하고, 신규 기술은 무엇을 접목했는지도 살펴봐야 한다. 그 모든 것이 귀찮다. 또 어디서 통계 자료를 뒤져야 하는지도 모르겠고, 어떤 사이트를 들여다봐야 하는지도 모르겠다. 내 고개는 점점 아래로 떨어진다.

졸린 눈꺼풀을 억지로 밀어올리며, 한쪽 귀에 이어폰을 꽂고 정동원의 노래를 듣는다. 못다 피운 봉선화여 꽃 피기 전에 울지 마오~. 비바람에 젖지 않고 피는 꽃들이 어디 있겠소~. 가사가 촉촉하게 가슴을 적신다. 눈시울이 젖어든다. 누가 보면 하품해서 눈물을 흘리는 줄 알 것이다. 얼른 감정을 다잡는다. 이번에는 정동원을 키워드로 검색해본다. 얼마 전에 정동원이 '덤덤' 춤을 췄다는데, 얼마나 잘 췄는지 확인하고 싶다.

이렇게 시간을 때우다 보면 점심시간이 다가올 것이고, 밥을 먹고 어영부영하다 보면 오늘 할 일은 내일로 또 미뤄질 것이다. 알고 있다. 내일의 나는 오늘의 나에게 화를 내고 있겠지. 왜 할 일을 하지 않아서 나를 이렇게 괴롭게 하느냐고.

그럼 최신 트렌드라도 좀 읽어볼까. 여러 개의 리스트 중 '대퇴사의 시대, 퇴사를 막는 3가지 방법'이라는 제목이 눈에 들어온다. 신필수 매니저님이 쓴 글인데, 대퇴사의 시대를 맞아 퇴사를 막기 위해 기업은 다음과 같은 일을 해야 한다고 한다. 첫째는 업무 자율성 보장, 둘째는 성장 기반 제공, 마지막으로 번아웃을 방지하기 위해 직원의 건강을 유지하도록 도와줘야 한다고 한다.

퇴사의 욕구에 시달리는 나는 번아웃인 걸까. 멍한 얼굴로 모니터를 들여다본다. 번아웃은 뭔가를 열심히 하다 생기는 거 아닌가. 내가 뭔가를 열심히 했던 적은 있었나. 까마득한 옛날, 이 돌을 빼서 저 돌을 괴면 언젠가는 하늘까지 닿을 탑이 세워질 줄 알았던 어린 내가 보인다. 돌을 들지 못하고 쓰러지던 사람들, 그런 사람들을 열정이 부족하다고 몰아세우던 사람들, 그리고 군중 속에서 기웃대던 내 모습. 탑은 결코 세워지지 않는다. 언젠가 탑이 세워지더라도, 그 안에서 열성을 다하던 사람은 더 이상 남아 있지 않을 것이다.

이 글을 정동원이 읽지 않기를 바란다. 이제 열여섯 살이 된 정동원이 벌써부터 세상만사가 이렇다는 걸 알 필요는 없는 것이다. 아니, 어쩌면 내 시간만 이렇게 흐르고 있는지도 모를 일이다. 일 분 일 초도 낭비하지 않는 그의 시계는, 쓰임을 다한 내 시계를 보며 고개를 갸웃할지도 모른다. 시계에 약을 넣어주면 시계는 다시 돌아갈 것을 알고 있다. 하지만 더 이상은 알고 싶지 않다. 그저 시간이 궁금할 때면 한 번씩 물어보는 걸로 족하지 않은가.

91. 눈 내리는 날

눈이 내린다. 오랜만에 펑펑 내린다. 직원들은 눈이 와서 나가기가 싫다며 점심을 간단히 먹겠다고 한다. 눈을 귀찮은 손님쯤으로 생각하는 것 같다. 나는 괜히 기분이 좋다. 밖에 나가서 뽀드득거리는 눈을 밟고 싶다. 나뭇가지에 내려앉은 차가운 눈을 만지고 싶다. 숨 막히는 사무실에서 점심시간까지 처박혀 있고 싶지 않다. 안에서 같이 먹자는 동료들의 제안을 뿌리치고, 나는 혼자 밖에 나가 백화점 푸드코트에서 밥을 먹는다.

이 나이가 되어도 눈이 좋은 건 주책인 걸까, 낭만인 걸까.

언제부턴가 사람들은 눈을 귀찮아하기 시작했다. 출퇴근길에 눈이 내리면 사람들은 짜증을 낸다. 차가 막히기 때문이다. 눈이 내리면 제설차가 와서 염화칼슘을 뿌리는데, 차에 묻으면 부식될 수 있어서 세차도 해야 한다. 평소와 다르게 조심조심 걸어야 한다. 고관절도 안 좋은데 미끄러지기라도 하면 전치 4주는 금방이다. 요즘은 공기도 좋지 않아서, 우산 없이 눈을 맞으면 탈모 걱정도 해야 한다.

어렸을 때는 눈 내리는 게 좋았는데. 어른이 된다는 건 슬픈 일이다. 그래서 아직도 눈이 좋다는 건, 나이 먹은 걸 인정하기 싫다는 일종의 발악 같은 건지도 모른다. 나이 먹고 싶지 않다. 영원히, 어린아이처럼 내리는 눈을 즐기며 웃고 뛰놀고 싶다.

밥을 다 먹고 나서, 커피를 손에 쥐고 거리를 걷는다. 눈이 내린 거리를 사람들이 오간다. 야무지게 우산을 쓰고 다니는 사람들, 벌벌 떨며 담배를 피우는 사람들, 머리에 묻은 눈을 털며 재빠르게 사무실로 향하는 사람들, 눈 덮인 텐트를 망연한 눈으로 바라보는 노숙자들, 코끝이 빨간 채로 미동 없이 서 있는 경비원들, 빌딩 앞에서 악덕 사장은 물러나라며 데모하는 사람들…….

그러다 나는 어떤 사람들을 발견한다. 그들은 '다이소'에서 산 틀을 가지고 눈오리를 만들고 있다. 빌딩 화단에 눈오리들이 한가득이다. 나 같은 사람이 혼자만은 아니구나. 커피는 식었지만 마음은 따뜻해진다. 오늘도 퇴근할 때 차가 막힐 테지만, 그래도 좋다. 버스 창 밖으로 내리는 눈을 바라봐야지. 그리고 모든 것을 덮어버리는 하얀 눈처럼 한 살, 한 살, 나이를 지워나갈 거다.

92. 다이어트

살이 빠지지 않는다.

별명이 '멸치'이던 시절이 있었다. 하도 말라서 그랬다.

지금은 아무도 그런 말을 하지 않는다. 얼마 전, 체중계에 올라간 나는 화들짝 놀라 내려오고 말았다. 59.5. 끔찍했다. 나는 키가 그렇게 큰 것도 아닌데. 이대로 60을 넘을 수 없다. 운동을 해야지, 다짐했다.

지금은 체념했다.

내 몸무게는 60을 넘긴 지 오래됐다. 지금은 70을 향해 가고 있다. 왜 그렇게 됐는지는 잘 모르겠다. 나는 평소처럼 먹고 마시고 직장을 다니고 집에 돌아와 잠을 잤을 뿐이다. 절대로 더 먹거나 덜 먹지 않았다. 평소처럼 먹어도 살이 찐다. 이런 게 나잇살이라는 걸까.

이대로는 안 될 것 같았다. 헬스클럽에 가서 등록을 했다. G.X 프로그램을 신청하고, 줌바와 댄스를 배우기로 했다.

회사를 마치고 허겁지겁 도착했다. G.X 강당에서 아줌마들이 수다를 떨고 있었지만, 감히 나는 인사도 하지 못하고 제일 구석 자리에서 핸드폰만 들여다봤다.

7시 정각이 되자 선생님이 들어왔다. 젊은 남자였다. 왜 G.X 프로그램에 남자는 없고 여자들만 우글거렸는지 이해가 갔다. 선생님은 말도 없이 음악을 틀고 춤을 췄다. 사람들이 대열을 맞춰서 선생님의 춤을 따라 했다. 나도 어색하게 대열에 동참했다.

수업을 가르치는 선생님은 조금 특이했다. 동작이 여느 줌바 강사들과 달랐고 우렁찬 구호도 없었다. 오로지 음악에 맞춰 땀을 흘리며 춤을 출 뿐이었다. 그러다가 흥을 주체하지 못하겠는지 한 번씩 오버하며 과하게 춤을 췄다. 혼자 점프를 한다든지 회전을 한다든지 과도하게 허리를 돌린다든지…… 그러다가 다시 절제하며 손발을 놀렸다. 여기가 공연 무대가 아니라 G.X 강당이라는 걸 깨달았다는 듯이.

그는 어느 거리에서, 어느 무대에서 춤을 췄을까. 좋아하는 음악을 틀고 관객들의 환호성을 받으며 자기가 원하는 춤을 췄을까. 그의 꿈은 무엇일까. 이렇게 아줌마들 앞에서 늘 같은 동작의 춤을 선보이는 것 말고 진짜 원하는 것, 진짜로 하고 싶은 것을 하면서 살았던 때가 있었을까.

문득 궁금해졌다. 나이 든 댄서들은 어디로 가는 것일

까. 나이 든 웹기획자가 사라지는 것처럼. 사라진 사람들은 또 어디로 가는 것일까. 선생님은 하늘로 날아오르려 하고 있었다. 정사각형의 답답한 G.X 강당을 벗어나 광장으로, 관객들이 있는 곳으로, 춤을 추는 크루가 있는 곳으로.

눈물이 흘렀다. 나는 신나는 줌바 음악에 맞춰 실없이 눈물을 흘리며 춤을 췄다. 언젠가 그의 얘기를 글로 써야지, 생각하며. 그에 대해 아무것도 모르면서 이렇게 오지랖만 떠는 게 나이 든 증거 같기도 하지만, 그래도 흐르는 눈물을 멈출 수는 없었다.

수업이 끝나자 그는 조용히 사라졌다. 일주일간 잘 지내라거나 운동 열심히 하라거나 하는 덕담도 없이. 사람들은 다시 흩어져 각자 운동을 하러 갔다. 나는 뻐근한 어깨를 돌리며 생각했다. 다음 주에도 와야지. 이번에는 꼭 운동도 하고 식단 조절도 해서 몸무게 50킬로그램대로 들어가야지.

93. 남들과 다른 취미는 위험하다

빨리 퇴사해야겠다.

오늘은 파트 사람들끼리 점심을 먹었다. 이런저런 대화를 나누다 취미 얘기가 나왔다. 계약직 직원은 마라톤을 여러 번 했다고 했다. 주말에 바리스타 자격을 배우러 학원에 다닌다고도 했다. 제빵도 좋아하고, 언젠가 할 사업 구상도 세우고 있었다. 참 부지런한 청년이구만, 나는 생각했다. 파트장은 수영과 댄스 얘기를 했다. 특이하게 해녀 학교도 알아보았고 지금은 클라이밍을 배우고 싶다고 했다. 회사를 다니면서도 시간을 내서 도전하는 모습이 멋있었다.

내 차례가 되었다. 취미가 뭐냐는 말에, 예전에 스케이트보드를 탔는데 지금은 나이가 들어서 하지 않는다고 답했다. 그러자 파트장이 내 말을 끊고 내가 글을 쓰고 있다고 말했다. 나는 어느새 신춘문예에서 상을 받고 등단한 작가가 되어 있었다. 소문이 이렇게나 무섭다. 점심시간마다 손으로 필사를 한 게 그렇게 보였을까. 아니면 이렇게 심심할 때마다 일기를 쓴 게 와전이 된 것일까. 얼굴이 화끈거렸다.

내가 글을 쓴다는 걸 이 회사에 다니는 대부분의 사람들이 알고 있다. 이 소문이 위로, 더 위로 올라가면 어떻게 될까. 회사에 충성은 하지 않고 투잡을 뛰는 배신자로 낙인찍힐 것이 뻔하다. 사실 투잡이란 말이 생소한 개념은 아니다. 회사를 다니는 많은 사람들이 주식을 한다. 더 돈이 많은 사람들은 부동산을 하기도 한다. 그런 건 그래도 괜찮다. 차장도 하고 부장도 하고 사장도 하고 있으니까. 하지만 그들이 하지 않는 것, 글을 쓴다는 것, 남들과 다른 취미를 가졌다는 것은 위험하다. 앞에서 네네, 하면서 뒤에서는 무슨 글을 적을지 모른다고 여길 것이다.

글을 쓴다고 해서 돈을 버는 것도 아닌데. 그렇다고 무슨 명예가 따라오는 것도 아닌데. 하지만 오싹해진다. 이 책이 회사 사람들 손에 들어가기 전에 회사를 그만둬야 한다. 윗사람에게 불려가 이런 쓸데없는 글은 왜 썼냐고 깨질 것이다. 인사팀에 누군가가 일러바칠 수도 있다. 드라마 〈나의 아저씨〉처럼, 감사팀 사람들이 들이닥쳐 내 책상을 뒤져댈지도 모른다. 가슴이 두근거리고 머리가 아파온다. 두 번 다시 쫓겨나고 싶지 않다. 칼바람을 맞으며 회사 빌딩 앞에서 복직하고 싶다고 피켓을 들고 싶지 않다.

아무도 모르는 채 돈을 많이 벌어서, 내가 부자가 되었다는 걸 아무도 모른 채로, 웃으며 퇴사하고 싶다. 그래서 오늘도 나는 펜을, 아니, 낡은 키보드에 두 손가락을 올려놓는다. 이 책이 베스트셀러가 되어서 유명 작가가 되기를, 그렇게 번 돈으로 내 사무실을 차려놓고 아무 때나 출근하고 퇴근하면서, 양양이며 속초며 서핑을 하러 다니기를, 그때야 비로소 취미다운 취미를 가질 수 있기를.

94. 연말정산을 하다가

　　연말정산 기간이다. 국세청 홈택스에 들어가 사용내역을 조회하고 PDF 파일을 다운받았다. 연봉보다 쓴 돈이 더 많다. 무려 7천만 원가량을 썼다. 어디에 저 돈을 다 썼을까. 나는 부양가족도 없는데. 다 카드빚으로 남은 걸까. 쓴 돈은 많은데 돌려받을 돈은 20만 원 안팎이다.

　　직장을 다니면서 스마트스토어를 운영하는 친구는 부가세 신고를 해야 한다고 정신이 없다. 나도 따라서 스마트스토어를 개설했지만 판매한 상품은 0개. 야심차게 사업자등록증까지 개설했지만, 성적은 영 좋지 않다. 나도 어서 투잡, 쓰리잡으로 사장님 소리를 들어야 할 텐데. 쥐꼬리만큼 나오는 월급에 목매는 삶이 아니라 당당한 목소리로 내 취미는 회사 다니기입니다, 라고 말해야 할 텐데.

　　다시 월급날이 다가온다. 따박따박 나오는 월급, 그게 직장인의 유일한 장점이 아닌가. 이런저런 빚에 허덕이지만, 굶지는 않고 살 수 있다. 다음 달에도, 다다음 달에도 돈이 나올 것을 알기에, 미리부터 이것저것 사기도 한다. 배달로 음식을 시켜 먹고, 화장품도 백화점에 가서 사고, 차를 바꾸기도 하고, 아파트 청약에 덜컥 접수를 하기도 한다. 내가 갖고 싶은 것을 가지기 위해.

그건 정말 내가 갖고 싶은 것일까.

아무도 나를 알아보지 않는 한적한 곳으로 가서, 돈에 얽매이지 않고 유유자적하게 산다면 어떨까. 아무래도 심심하겠지. 콘서트에 가서 '최애'를 만날 수도 없고, 새 차를 타도 갈 곳이 없고, 예쁜 옷을 입어도 봐줄 사람이 없을 테니까.

그래도 상사의 트집에 억지웃음을 지으며 넵 알겠습니다, 라고 말하지 않을 수 있다면. 텃밭에 가꾼 식물들이 내 손길에 따라 정직하게 자라는 것을 바라볼 수 있다면. 헬스클럽에서 땀 흘리는 대신 깊은 숲까지 이어진 길을 산책할 수 있다면. 어릴 때부터 소망이었던 누렁이 개를 키울 수 있다면.

그런 삶도 있을 것이다. 누구든 이것이 삶이 아니라고 말할 수는 없다. 이래도 저래도 시간은 흘러간다. 이렇게 저렇게 고민하는 순간에도.

저녁에는 맛집에 가서 식사를 하고, 예쁜 카페에 가서 인스타에 사진을 찍어 올릴 것이다. 아직 나는 자본주의적 인간이다. 그래도 잠시나마 다른 삶을 상상하며 즐거워하는 자본주의적 인간이다.

95. 내 자리

내 자리. 내 자리는 어디에 있나. 조직개편에 따른 자리 배치도가 나왔다. 사람들이 모여서 자신들의 자리를 확인한 다. 디자이너들은 지금 앉은 자리에서 조금씩 수정이 있다. 그래도 큰 이동은 없다며 안심한다. 개발자와 기획자가 합 쳐지게 될 우리 팀은 이동이 크다. 아늑하던 사무실 안쪽에 서, 사람들이 왔다 갔다 하는 문 쪽으로 이동한다.

자리배치도라며 캡처된 이미지를 보는 순간 경악했다. 팀장 옆자리다. 팀장이 정자세로 앉아 좌우를 굽어보고 있 는데, 좌측에는 개발 파트장이, 우측에는 내가 자리하고 있 다. 친한 사람들에게 캡처된 이미지를 공유한다. 메신저 여 기저기서 탄식이 흘러 나온다.

나는 왜 그의 옆에 앉게 되었나. 나는 파트장도 아닌데. 궁금한 게 있을 때마다 불러대려는 의도일까. 아니면 가까 이 있는 비서처럼, 아니 몸종처럼 부려먹으려는 것일까. 나 는 두 눈을 질끈 감는다. 팀장을 등지고 앉은 자리는 아니니 그나마 낫다고 해야 할까. 그래도 이건 아니다. 괴롭다.

하긴, 나이순으로 치면 저렇게 하는 게 낫긴 하겠지. 나 이며 경력이며 이 회사의 근무연수며, 나는 모든 것이 높다. 단지 직급과 연봉이 낮을 뿐이다. 자신감도, 눈치도, 의지와 열정도 낮긴 하지만.

　이제 금요일이면 떠난다. 왜 나는 지금 있는 곳이 천국
이라는 사실을 모르고 있었을까. 왜 그렇게 불평불만을 해
댔나, 후회가 된다. 언제나 더한 지옥이 있을 수도 있다는 것
을 뒤늦게 깨닫는다. 직장을 다닐수록 더 좋아지는 게 있을
까. 나이가 들어가고, 월급은 들어왔다 빠져나가고, 자신감
은 사라지고 흰머리는 늘어간다.

　아무도 날 찾지 않는 곳에 처박혀서 있는 듯 없는 듯 지
내고 싶다. 하지만 나이가 들수록 나의 존재는 선명해진다.
파도가 쓸어간 모래밭에 제 모습을 드러낸 녹슨 깡통처럼.
속이 텅 비어 새들도 찾지 않고, 모래밭을 거니는 사람들은
눈살을 찌푸린다. 내 모습을 파도 속에 숨기고 싶다. 하지만
파도는 밀려왔다가 다시 사라지고 마는 것이다. 그렇게 모
습을 들킨 채로, 쓰레기 수거반이 오기를 조용히 기다린다.
내 자리. 어떻게든 내 자리를 지키면서.

96. 나는 노동자

나는 노동자다.
나는 내가 노동자라는 사실을 모르고 있었다.

우리 회사가 있는 지역에는 데모하는 사람들이 많다. 회사가 많으니 일하는 사람들도 많고, 억울한 사람들도 많으며, 더 이상 거기서 일하지 않는 사람들도 있다. 점심시간에 밥을 먹으려고 밖에 나가면, 스피커에 민중가요를 틀어놓고 피켓을 든 채 서 있는 사람들을 볼 수 있다. 그들은 대부분 빨간 조끼 같은 걸 입고 있다. 조끼의 뒷면에는 활동하는 단체와 지부 같은 것들이 새겨져 있다. 머리에 띠를 두르지는 않는 것 같다.

어느 더운 여름날이었다. 그날은 일이 있어서 밥을 혼자 먹고 들어가는 길이었다. 누군가 길거리에서 1인 시위를 하고 있었다. 무엇 때문이었는지는 기억나지 않는다. 그의 눈빛은 단호했고 누가 건드리기라도 하면 곧바로 싸울 태세처럼 보였다. 나는 시원한 캔커피를 하나 사서 그에게 전해줬다. 오지랖이었다. 그는 조금은 어색한 표정으로 나를 보더니, 이내 웃음을 지어 보였다. 늘 경비원과 옥신각신하는 그에게는, 오랜만에 만난 타인의 친절이었을 것이다.

우리 회사 앞에서도 사람들이 데모를 한다. 언제부턴가 그렇게 되었다. 부당한 일을 당한 사람들, 억울하게 회사에서 잘린 사람들, 다시 회사에 나오고 싶은 사람들……. 나는 이제 빌딩을 돌아서 간다. 그들 앞에서 당당히 회사에 들어가기는 뭔가 민망하다. 그렇다고 옛날처럼 용감하게 캔커피를 건넬 수도 없다. 그런 식으로 내 모습을 드러내면, 다음 차례는 어쩌면 내가 될지도 모른다.

못마땅한 눈빛으로 빌딩 앞을 사수하는 경비원들, 스타벅스 커피를 들고 무심하게 지나치는 직원들, 늘 있던 장소에서 어디론가 가버린 노숙자들, 그리고 회사를 빙 돌아 몰래 들어가는 내 모습. 가끔씩 그런 내가 부끄럽게 느껴진다. 그들은 적어도 싸우고 있었다. 자신들의 일할 권리를 위해, 정당한 보상과 평등을 위해, 사람답게 살 수 있는 세상을 위해.

나는 싸울 힘이 있을까. 일도, 싸움도, 데모도, 뭐든지 열심히 해야 한다. 시키면 시키는 대로, 욕하면 욕을 먹은 채로, 상사가 나를 한심해하면 한심한 사람이 되어 살아왔다. 싸움보다는 포기가 익숙했고, 주장보다는 수용이, 공격보다는 항복이 내게 더 어울린다고 생각했다. 이 익숙함을 벗어나, 나는 다른 가치를 입을 수 있을까. 있는 힘껏 싸우는 사람들에게 몰래 캔커피 하나쯤은 건네줄 수 있는 사람이, 다시 될 수 있을까.

나는 노동자다. 옛날처럼 처절하게 분신을 하지 않아도 되는데, 최루탄에 눈물 흘리고 똥물을 뒤집어쓰지 않아도 되는데, 나는 아직도 무엇을 주저하고 있는 걸까. 그들을 모른 척한다고 해서 내 자리가 조금 더 안전해진다는 보장도 없는데.

97. 비 내리는 날의 단상

창밖에는 지금 비가 쏟아지고 있다. 비가 내리면 졸리다. 솔직히 말하자면, 이 졸린 느낌이 좋다. 아무도 눈치채지 못한 채로 이렇게 꾸벅꾸벅 졸고 싶다. 이불이 있다면 들어가 눕고 싶기도 하다. 사무실은 적당히 따뜻하고, 공기는 탁하지만 그래서 더 졸리기도 하다. 하지만 조심해야 한다. 팀장이 수시로 지나다니기 때문이다. 팀장의 발소리는 거의 들리지 않는다. 다른 사람들의 발소리는 들리는데, 귀신 같다. 아마도 발소리가 들리지 않도록 오랜 시간 수련을 한 듯

하다. 팀장이 잔소리하지 않고 지나칠 수 있도록, 바탕화면
에는 늘 일하는 화면을 띄워놓아야 한다. 자는 중간중간에
도 버튼을 눌러 화면을 바꿔주는 것은 필수다.

사람들은 언제부터 아침 9시에 일을 하기 시작했을까.
느긋하게 아침 11시 정도에 일을 시작하면 안 되는 것일까.
아침 9시에 사무실 의자에 앉아 있으려면, 7시 20분에는 일
어나 씻고 아침밥은 패스하고, 허겁지겁 나가 버스나 지하
철을 타야 한다. 나에게 아침 9시는 일하는 시각이 아니라
눈을 떠서 아침을 맞는 시각이다. 때문에 아침에는 졸린 상
태로 비몽사몽 간에 일을 처리할 수밖에 없는 것이다. 게다
가 나는 건강에 안 좋다며 모닝커피도 마시지 않으므로, 졸

림이 배가 된다.

주말에는 늘어지게 잠을 잔다. 시간이 아깝지만 어쩔수 없다. 이번 주에는 하루 종일 잠을 잤다. 일어나니 오후 2시, 밥을 먹고 나니 졸려서 낮잠을 자고, 저녁 먹고 또 자고…… 다시 우울증이 도지는 것일까. 일주일간의 피로가 한꺼번에 몰려온 것일까. 그렇게 잔다고 평일에 잠이 안 오는 것도 아니다. 평일엔 평일의 잠이 따로 있는 것이다.

아침 9시부터 저녁 6시 이후까지, 근무 시간이 너무 길다는 생각을 한다. 하루에 딱 4시간만 일했으면 좋겠다. 남는 시간에는 무엇을 할까. 운동하는 시간도 늘리고, 영어 학원도 다니고, 글도 쓰고, 미술관도 가고…… 나열해보니 할 건 많다. 주4일제가 된다면 어떨까. 월급은 그대로, 근무 시간은 줄이고. 선거 표어 같다. 이번 대선에 누가 주4일제 공약을 들고 나왔던데. 현실성이 있을까. 언제나 그게 문제다.

98. 삐삐가 보살이 되었구나

예전에 다른 회사에서 같이 일했던 동료를 만났다. 분위기 좋은 바에서 술도 마시고, 인스타에 올릴 사진도 찍고, 맛있는 안주에 감탄하기도 하면서 즐거운 시간을 보냈다.

그날은 내 생일이기도 했다. 갓 스물이 된 것처럼 초를 두 개만 꽂고, 축하 노래를 부르고 입김을 불어 불을 껐다. 이런저런 사는 얘기, 옛날 얘기, 앞으로 살아갈 얘기들을 했다. 그 친구는 내가 많이 변했다고 했다. 어디로 굴러갈지 모르게 통통 튀던 삐삐 같던 모습에서, 지금은 세상사에 득도한 보살이 된 것 같다고. 나에게 그런 날이 있었나. 의아했다. 난 늘 그대로였던 것 같은데.

그 시절의 나를 떠올려본다.

흑백이던 세상이 무지개색으로 채색되는 것처럼 변한다.

그때 나는 조금, 아니 많이 미쳐 있었던 것 같다. 머리카락을 노란색으로 물들이기도 했고, 허리까지 내려오던 머리카락을 빡빡 밀기도 했다. 가발을 쓰고 회사에 다니다, 결국에는 갑갑함에 가발을 벗고 실체를 드러낸 적도 있다. 술도 많이 마셨다. 술에 취한 채로 사장 나오라며 소리를 치기도 했고, 2차로 클럽에 가서 몸을 흔들어대기도 했다. 회사 사람들과 사이도 좋았다. 같이 댄스 학원에 다니기도 하고, 여행을 가기도 했다. 그때는 어떻게 그렇게 에너지가 남아돌았던 것일까.

내게 삶은 아직 한참이나 남아 있었고, 나는 내게 주어진 젊음을 막 쓰고 싶었다. 인생을 즐기고 싶었다.

내가 좋아하던 남자도 있었고, 나를 좋아하던 남자도

있었다. 사람에 대해 기대하고 끊임없이 상처 입으며, 그래도 다시 희망을 품던 날들. 넘쳐나던 흥을 감당하지 못해 밤이면 술을 찾아 거리를 쏘다니던, 아침이면 퉁퉁 부은 얼굴로 후회하던, 그러고도 저녁이면 해장술을 마셔야 직성이 풀리던, 록음악을 좋아하고 페스티벌에서 높은 굽의 구두를 신은 채로 팡팡 뛰던, 울기도 하고 웃기도 하던 내가 있다.

그때 내 포부는 어떠했던가. 남들 다 부러워하는 안정적인 직장을 얻어서, 열심히 일해서 승진도 하고, 40대가 되면 백화점에 걸린 옷 같은 것들은 턱턱 사면서 살게 될 줄 알았다. 30평대 아파트 한 채 정도는 가지고 있고, 내 드림카를 타고 쉬는 날이면 어디로든 훌쩍 떠나게 될 수 있을 줄 알았다. 그때의 나를 잃지 않은 채로.

지금은 쉬는 날이면 집에 누워서 잠을 자고, 춤은커녕 되도록 움직임을 최소화한다. 드라마도 더 이상 재미있지 않고, 어쩌다 떠나게 된 산도 바다도, 내게 별 감흥을 주지 않는다. 그저 아침이 되면 조용히 일어나, 지친 몸을 이끌고 회사에 가서 하루를 보낸다. 퇴근하면 다시 집으로, 이불 속으로 들어가 공상을 하다 이른 잠을 잔다.

이 구역의 미친년에서 보살로, 나는 어떤 시간을 견뎌온 것일까. 누가 나의 젊은 날을 빼앗아갔나. 그때는 괴로웠지만 지나고 보니 아름다운 추억으로 미화가 된 것일까. 알 수 없다.

나는 변했다.

변하지 않았다고 생각했지만, 틀림없이 나는 변했다.

마흔이 넘어도 불완전한 삶은 계속되고, 꿈은 점점 작아지며, 어김없이 돌아올 내일을 위해 몸을 사려야 한다. 일도 하지 않고 직장에 남아 야근을 하며 이 글을 쓴다.

빡빡머리로 내일의 세상을 긍정하던, 그때의 내가 그립다. 다시 나를 불러들이고 싶다.

어김없이 눈물이 흐른다. 우울증일까.

주말에는 병원에 가봐야겠다.

99. 버리지 못한 짐

짐을 싼다.

며칠 뒤면 조직개편 결과에 따라 자리를 이동한다. 그
날의 혼잡을 줄이기 위해 미리 짐을 싼다.

버리지 못한 짐이 많다. 웬 책들은 이렇게 많은지. 서류
봉투도 한가득이다. 몸보신하려고 구입한 흑염소즙과 뜯지
않은 봉지과자들이 바닥에 굴러다닌다. 주기적으로 넣어줘
야 하는 인공눈물과 온갖 약들, 호시탐탐 구입한 사무용품,
아무도 쓰지 않는 회사용 구형 태블릿, 최애 달력과 책갈피
같은 것들이 책상을 어지럽힌다. 책상을 언제 정리했더라.
기억이 나지 않는다.

짐을 줄여야 되는데. 생각만 하고 실천은 쉽지 않다. 이
러다가 덜컥, 회사에서 잘리기라도 하면 이 많은 짐들을 어
떻게 다 들고 나간단 말인가. 미니멀리즘을 추구하지만 언
제나 내 자리는 폭발 직전이다. 대단한 워커홀릭이라서가
아니다. 책상이 넓어진다고 해결될 문제도 아니다. 그냥 눈
딱 감고 버려야 하는데, 그게 안 된다.

아직도 만년필에 다이어리를 찾고, 중요 일정은 달력에
꼭 표시해줘야 하고, 편리한 전자책보다는 그래도 종이책이
좋다. 세상은 빠르게 변해가는데, 어쩌면 나를 벌써 지나쳐

버렸는지도 모르는데, 나는 아직도 텅 빈 정류장에서 언제 올지 모를 희망을 기다리고 있는지도 모른다.

기다려도 안 오면 걸어가지, 뭐. 애써 긍정해본다.

오늘은 내 또래의 직원이 회사를 그만둔다는 소식을 들었다. 주재원인 남편을 따라 해외로 나간다고 한다. 축하할 일이다. 나도 그러고 싶다. 회사에서 그만두라고 해서가 아니라, 버티고 버티다 어쩔 수 없어서 나가는 것이 아니라, 내가 정말 나가고 싶을 때, 이 길이 아니어도 다르게 살 수 있을 때, 가슴속에 지니고 다녔던 사표를 꺼내 던지고 싶다.

그렇게 회사를 그만두게 된다면, 홀가분하게 몸만 빠져나오고 싶다. 마치 처음부터 내가 없었던 것처럼. 그때를 위해 책상은 깨끗하게 비워둬야 한다.

짐을 싸며 다짐해본다.

그래, 버리자.

버리자.

100. 나는 늙은 웹기획자다

나는 늙은 웹기획자다.

내 삶이 어디로 흘러갈지 나도 모르고 아무도 모른다.

나를 체스판의 말처럼 굴리는 위에서는 어떨지 몰라도.

　나도 열심히 하지 않은 건 아니라고 항변해본다. 오랜 시간 모니터를 들여다보다 목이 굽고, 오른쪽 어깨와 손가락은 저릿저릿하며, 흰머리가 늘고 웃음을 잃어간다.

　오늘은 다른 팀으로 간 기획자와 밥을 먹었다. 그곳은 일이 많아서 늘 바쁘다고 했다. 직원들은 젊고 앞에는 해치워야 할 과제들이 쌓여 있다. 그래도 열심히 한 보람이 있어서, 곧 데모 서비스를 론칭한다고 했다.

　나는 무엇을 했더라.

　수많은 서비스를 론칭하고 새로운 홈페이지를 만들어냈지만, 그것이 내 성과로 느껴진 적은 없다. 그건 그거고, 나는 나였다. 언제나 그랬다. 홈페이지에 내 이름이 올라가는 것도 아니지 않나. 그렇게 만들어낸 결과물은 얼마 지나지 않아, 트렌드에 뒤떨어졌다며 개편 대상이 되어 서슴없이 부서진다.

　만들고, 부순다.

　잘했다고 칭찬하고, 얼마 지나지 않아 비판한다.

　나는 곧 앞으로 닥쳐온 조직개편 이야기를 했다. 공산주의를 경험한 적도 없으면서, 앞으로 그런 생활이 펼쳐지는 건 아닌지 두려움에 떨었다. 기분이 다운되고 어깨가 축 늘어졌다. 기획자가 밥을 사주며 말했다.

"버려야 해."

그 말이 귀에 남았다.

지금껏 버려왔다. 앞으로도 버려야 한다. 언제까지? 달력을 들여다본다. 돈을 많이 벌어서, 새로운 인생을 찾아서, 더 이상 버티지 않아도 되는 삶을 살고 싶다.

버티고 버티다 정 안 되면, 살려달라고 내 삶에 SOS를 치게 될지도 모른다. 그렇게 되지 않도록, 오늘도 키보드에 두 손가락을 올려놓고, 감기는 눈을 떠가며 모니터를 쳐다본다.

새 프로젝트의 견적을 내고, 개발 회의에 참여하며, 정산과 전표 처리를 진행하고, 사은품으로 받은 물수건으로 괜스레 책상을 닦는다.

내일은 무사할 수 있도록.

101. 끝 혹은 시작

다시 허리를 펴고, 밖으로 나선다.

작가의 말

팀이 바뀌었다.

……로 시작하는 제2부의 웹기획자 이야기를 쓰려고
했지만, 팀은 바뀌지 않았고, 나는 아직 막내 같지 않은 막
내로 이 팀에서 버티고 있다. 사내 홍보기획자 모집엔 면
접까지 봤지만 떨어졌고, 공모전 발표는 소식이 없다. 팀
장의 호통에 목이 들어가고 후배들의 한심해하는 눈빛을
견디며, 나는 오늘도 살아가고 있다. 늦지 않고 출근하기
위해 빠르게 걸어가고(숨이 차서 뛰지는 못한다), 퇴근 시간
엔 눈치를 보며 언제쯤 자리에서 일어날 것인지 계산한다.
멋모르고 웹기획자로 일해온 지 근 20년, 어제와 다를 것
없는 생활이 이어지고 있다. 늙고 한심하고 얼빠지고 조금

은 불쌍한, 회사에서 잘리지 않기 위해 벅찬 숨을 내쉬며 발버둥을 치는 모습. 하지만 나는 분명히 조금씩 바뀌고 있다.

나는 글을 쓰기로 했고 책을 내기로 했다. 일이 있거나 없거나, 모르는 신기술에 당황하거나 개발자의 말을 알아듣지 못할 때, 감당 못할 스트레스를 받을 때, 희미해진 내 정체성과 자존감이 완전히 지워지려 할 때마다 나는 워드 프로그램을 펼쳤다. 쓰고, 썼다. 고무줄처럼 질기고 물에 불리지 않은 고사리처럼 억세게 살아남기 위해서.

사실 40대는 늙었다고 말을 하기에 어딘가 애매한 위치에 있다. 흔히 떠올리는 40대는 어느 정도 기반을 잡고 활발하게 사회 활동을 하면서 자기 목소리를 내는 이미지다. 중학생 정도의 자녀를 키우고 있고 집 대출금을 갚기 위해 열심히 땀을 흘리며, 선거에서 승패를 결정짓는 캐스팅 보트가 되기도 한다. 회사로 들어오면 이야기가 달라진다. 알아서 나가기를 바라는 윗사람의 노골적인 시선과 아랫사람의 은근한 무시, 일은 못하면서 월급만 많이 받아간다는 편견, 시대에 뒤처진 꼰대 스타일, 같이 밥 먹기 부담스러운 어색한 사이. 위에서 깨지고 아래에서 치받힌다. 게다가 나는 팀장도 아니고 자녀도 없고 아직 제대로 된 기반도 잡지 못했다.

그래서 더더욱 썼다. 세상에는 나 같은 사람도 살아간다고. 실패하고 늙은 웹기획자지만, 인생은 아직 끝나지 않았다고. 그러니까 이 책은 자기계발서이자 에세이이면서, 내일의 판타지를 꿈꾸는 힐링물이다. 독자들이 이 책을 읽고 용기와 희망을 얻었으면 좋겠다. 나처럼 버티고 버티면서, 궁극의 꿈을 잃지 않고 다시 시작하는 계기가 되기를 바란다.

이 책을 만들면서 많은 사람들의 도움을 받았다. 사랑스러운 캐릭터를 만들고 그림 작업을 진행해준 요물공쥬, 번뜩이는 기획력으로 아낌없이 조언을 해준 김현정 작가, 1인 출판사 '책나물'을 운영하는 김화영 편집자님의 전체를 내다보는 혜안, 북디자이너 김기현님의 창의적이고 감각적인 손길로 이 책이 세상에 나왔다. 또한 회장님이 돌아오기를 바라는 소사모, 한결같이 내 작품을 읽어주고 정성스레 합평을 해준 장편스터디, 수요일마다 온라인으로 만나는 수요스터디, 그 외 이름을 열거할 수 없이 많은 사람들이 내 글을 읽어주고 응원해줬다. 모두에게 감사드린다.

마지막으로 사랑하는 허명진을 비롯해 가족들에게 고마움을 전한다.

이 글을 쓰고 있는 와중에도, 여러 가지 이유로 회사에선 나를 찾는다. 한 직원이 도서와 다른 항목들의 정산 방법 차이를 물어본다. 도서 비용은 면세 과목이기 때문에 세금 코드가 다르다고 말해준다. 커피가 떨어졌다고 하는 직원도 있다. 오후에 사러 갈 거라고 말해준다. 월초라 야근 식대도 정산하고 예산도 조정하고 결재도 올린다. 이번엔 또 무슨 기술이 나왔나 뉴스레터를 살펴보고, 진행 중인 프로젝트 테스트 시나리오를 작성하고 테스트를 진행한다. 웹사이트 화면 설계 스토리보드를 리뷰하고 담당자들의 의견에 따라 수정한다. 전문직과 잡일 그 어딘가에서, 나는 여전히 헤매고 있다. 헤매면서 배우고 있다.

다시 허리를 펴고, 밖으로 나선다.

늙은 웹기획자

1판 1쇄   2022년 07월 11일

글   흡혈마녀늑대
그림   요물공쥬
디자인   김기현
편집   김화영

펴낸이   박혜영
펴낸곳   아무책방
주소   서울시 은평구 서오릉로 253 102동 702호 (03424)
등록번호   제 2021-000073호
전화   010-5298-0631
이메일   amubooks@naver.com
인스타그램 @amubooks
홈페이지   amubooks.modoo.at

ISBN   979-11-978906-0-4